Hayykitap - 142
Hayat Güzeldir - 12

Karatay Diyeti
Prof. Dr. M. Canan Efendigil Karatay

Editör: Nihal Doğan

Kapak Tasarımı: Mükremin Seçim
Sayfa Tasarımı: Turgut Kasay

ISBN: 978-605-4325-48-1
1. Baskı: İstanbul, Nisan 2011
66. Baskı: İstanbul, Eylül 2016

Baskı: Yıkılmazlar Basım Yay.
Prom. ve Kağıt San. Tic. Ltd. Şti.
Evren Mah. Gülbahar Cad. No: 62/C
Güneşli - İstanbul
Sertifika No: 11965
Tel: 0212 630 64 73
Hayykitap
Zeytinoğlu Cad. Şehit Erdoğan İban Sk.
No:36 Akatlar Beşiktaş 34335 İstanbul
Tel: 0212.352 00 50 Faks: 0212.352 00 51
info@hayykitap.com
www.hayykitap.com

Karatay Diyeti

Prof. Dr. M. Canan Efendigil Karatay

Prof. Dr. M. Canan Efendigil Karatay

1943 yılında Elazığ'da doğdu. 1961 yılında Üsküdar Amerikan Kız Lisesi'nden, 1967 yılında da İstanbul Üniversitesi Tıp Fakültesi'nden mezun oldu.

1972 yılında İstanbul Üniversitesi Tedavi Kliniği'nde iç hastalıkları uzmanlık eğitimini tamamladıktan sonra, İngiliz hükümeti bursu ile Liverpool Regional Cardiac Center'da kardiyoloji alanında uzmanlık eğitimine başladı. 1974-1976 yılları arasında İstanbul Üniversitesi Tedavi Kliniği'nde baş asistan olarak çalıştı. Bu sırada Türkiye'de bir kardiyolog olarak (cerrahi yardım almaksızın) bir ilki gerçekleştirdi. Kalıcı ve geçici kalp pili implantasyonu tekniğini başarıyla uyguladı. Koroner Yoğun Bakım'da 'Vena Subklavya Ponksiyon' tekniğini yerleştirdi.

1976-1978 yılları arasında, Güney Afrika Cape Town Üniversitesi Groote Schuur Hastanesi'nde, dünyada ilk kez kalp nakli ameliyatını gerçekleştirmiş olan Christian Barnarnd'ın ekibinde çalışarak, doçentlik tezini kalp nakli yapılmış olan hastalar üzerinde gerçekleştirdi ve 1979 yılında doçent oldu.

İstanbul Üniversitesi Kardiyoloji Enstitüsü'nde, Cape Town'da eğitimini görmüş olduğu (şu anda ülkemizde yaygın bir şekilde uygulanmakta olan) 'femoral arter' yolu kullanılarak yapılan koroner anjiyografi tekniğini (Judgkin tekniği) yine ilk kez ülkemizde uyguladı ve bu uygulamayı ülkemize yerleştirdi.

1987-1995 yılları arasında State University of New York Health Science'de kalp hastalıkları alanlarında araştırmalar yaptı.

1995-1997 yılları arasında Gaziantep ve İstanbul'daki birçok özel hastanede, 'koroner yoğun bakım' ve 'koroner anjiyografi laboratuvarları'nı kurdu.

1997-2002 yılları arasında Yeditepe Üniversitesi Tıp Fakültesi, 2002-2006 yılları arasında da Kadir Has Üniversitesi Tıp Fakültesi'nde öğretim üyesi olarak görev yaptı.

2006-2010 yılları arasında Türkiye'de ilk ve tek sağlık üniversitesi olan İstanbul Bilim Üniversitesi'nde rektörlük yaptı. Halen İstanbul Bilim Üniversitesi Tıp Fakültesi'nde, İç Hastalıkları ve Kardiyoloji Ana Bilim Dalları'nda öğretim üyesi olarak çalışmaktadır.

M. Canan Efendigil Karatay, Ali Başak Karatay ile evlidir ve çiftin Mehmet Rahmi Karatay adında bir oğulları bulunmaktadır.

Doğal yemek tariflerinden dolayı Neval Eden'e, kişisel sirke ve yoğurt tariflerini bizimle paylaşan editörüm Sayın Nihal Doğan'a, Karatay Diyeti'ne inanarak bu diyeti uygulayan ve düşüncelerini bildiren Sayın Prof. Feridun Yenisey ve eşi Dilek Yenisey'e, Sayın Prof. Alp Eden ve eşi Neval Eden'e, Sayın Ebru ve Murat Gönül'e, Sayın Şenol Konukçu'ya, Sayın Metin Şen'e ve Sayın Erdal Turunçoğlu'na sonsuz teşekkürlerimi bildiririm...

Bir yıl boyunca birlikte canlı yayın yaparak bu kitabın yazılması için beni yüreklendiren sevgili dostum, televizyon sunucu ve yapımcısı Sayın Nilgün Bakkaloğlu'na içten teşekkürlerimi sunarım... Sudan'da iki yıl boyunca idareci olarak çalıştığı süre içinde yiyecek bulamadığı için, yalnız yumurta ve menemen ile beslenmek zorunda kalan ve televizyon programımızdan sonra beni arayıp bularak kan sonuçlarını bizimle paylaşan Sayın Taner Eray'a da ayrıca teşekkür ederim...

İçindekiler

Sunuş 9
Giriş 11
Birinci Bölüm
KARATAY DİYETİ İLE GENÇ KAL UZUN YAŞA 13
İkinci Bölüm
NEDEN SPOR YAPMADAN SAĞLIKLI YAŞANMAZ? 53
Üçüncü Bölüm
BÜTÜN YAĞLAR ZARARLI MI? 59
Dördüncü Bölüm
HER GÜN İKİ YUMURTA 81
Beşinci Bölüm
KOLESTEROL TERÖRÜ 87
Altıncı Bölüm
KIRMIZI ET SAĞLIKLIDIR 97
Yedinci Bölüm
FINDIK, FISTIK ÇITIR ÇITIR, HEM KAN YAPAR, HEM ISITIR 103
Sekizinci Bölüm
EFSANE DİYETLER 109
Dokuzuncu Bölüm
BİR HAFTALIK ÖRNEK MÖNÜ 115
Onuncu Bölüm
PRATİK YEMEK TARİFLERİ 131
Onbirinci Bölüm
KARATAY DİYETİ'NİN ÖZETİ 143
Onikinci Bölüm
KARATAY DİYETİ'Nİ UYGULAYANLAR NE DİYOR? 149
Kaynak Kitaplar 160

Sunuş

"İyi olacak hastanın doktor ayağına gelir" derler... Prof. Dr. Canan Efendigil Karatay geldi ve hayatımı değiştirdi! Yıllardır organik ve doğal yaşamın yakın takipçisi olarak doğal şekerin savunuculuğunu yapıyordum. Doğal şekerden özellikle de bal, pekmez ve taze sıkılmış meyve sularından uzak durmak şöyle dursun, onları eşe dosta öneriyordum. Yanılmışım, geri alıyorum!

Hocamızla birlikte kitabı yayına hazırlarken doğal şekerler konusunda kendisini epey 'sıkıştırdım', tatlı tutkunlarının avukatlığına soyunarak bir sürü soru sordum. Canan Hocamız, verdiği ayrıntılı ve tatmin edici cevaplarla, yıllardır nerede hata yaptığımı anlamamı sağladı ve doğal şekerlerin de zararlı olabileceği konusunda beni bir güzel ikna etti. Ani tatlı krizlerinden de kurtulmama vesile oldu...

İnanıyorum ki bu kitabı okuyan tüm tatlı tutkunları da kolayca ikna olacaklar. Hem bitmeyen tatlı krizlerinden, hem de yediklerine dikkat etmelerine rağmen belli bölgelerde biriken ve bir türlü eriyip gitmeyen yağlardan kurtulacaklar. Eğer kilo vermek ve verdiğiniz kiloda kalmak istiyorsanız; kilo verirken halsizlik, bitkinlik, isteksizlik ve yorgunluk hissetmeden, mutlu ve enerjik bir şekilde yaşamayı arzuluyorsanız; unutkanlık şikâyetlerinden kurtulmayı, düşüncelerinizin berraklaşmasını ve yaptığınız işe kolaylıkla konsantre olmayı hedefliyorsanız, 'Hocaların Hocası' Prof. Dr. Canan Efendigil Karatay'ın yazdığı bu kitap tam size göre.

Karatay Diyeti ile doğru bildiğiniz yanlışları düzelteceksiniz. Kilo verirken, sabahları dinç ve dinlenmiş olarak uyanacak, güne sevinç içinde başlayacaksınız. Bütün gününüzü de acıkmayarak, tatlılara saldırmayarak, enerji dolu geçireceksiniz. Bağışıklık sisteminizi güçlendirecek ve dolayısıyla sık sık hastalanmayacaksınız!

Sizi, demode beslenme balonlarını tek tek patlatan bu sağlık kaynağı kitapla baş başa bırakıyorum. İyi okumalar.

Nihal Doğan

Giriş

Dünya Sağlık Örgütü ile Bill Gates Vakfı'nın birlikte yürüttükleri, dünya çapında yapılmış kapsamlı bir araştırma 04 Şubat 2011 tarihli İngiliz tıp dergisi *British Medical Journal*'da (BMJ) yayınlandı. Verilere göre 2008 yılında bütün dünya nüfusunun üçte biri kilolu, dokuz yetişkinden biri de aşırı kilolu bulundu. *British Medical Journal*'da konu başlığı 'Obezite Tsunamisi' olarak verildi. 1980 yılından beri kilo artışının ve şişmanlamanın bütün dünyaya tsunami şeklinde yayıldığı ve halk sağlığı açısından tehlikeli bir salgın hastalık haline geldiği bildirildi.

Diğer taraftan 'nano teknoloji' son yıllarıda yaşamımızın her alanına girdiği gibi, doğal olarak sağlık bilimi alanında da hızla ilerleme göstermiştir. Bu bağlamda, 'molcküler tıp dalları' da büyük bir hızla ilerlemiş ve gelişmiştir. Moleküler tıp sayesinde her türlü hastalık hücre düzeyinde incelenebilmektedir. Hastalıkların nedeni, gelişip ilerlemesi, tedavi sonuçları ve süreci, artık bir tek hücre incelenerek hekimlere yol gösterici olmaktadır. Bu çalışmalar sonucu kilo almanın da hücresel ve biyokimyasal nedenleri açıklığa kavuşmuş, klasik bilgi ve görüşlerimizi değiştiren yeni kavramlar ortaya çıkmıştır.

Bir örnek verecek olursak, kilo alma ve şişmanlık nedeni olan beyaz yağ hücrelerinin, en az 20 adet zararlı ve faydalı hormon üreten önemli bir endokrin organ olduğu ortaya çıkmıştır. Bu hormonlar arasında kanın pıhtılaşmasını artıran, hipertansiyona, adet düzensizliklerine ve kansere neden olan birçok hormon bulunmuştur.

Bu bilgilerin ışığı altında Harvard Tıp Fakültesi Beslenme Bölümü Başkanı Dr. Walter Willet, *"Yağlar problem değildir. Asıl şekerli içecek, patates, ekmek, makarna, pirinç ve tatlıları diyetimizden çıkarabilirsek kilo alma, obezite, şeker hastalığı, hipertansiyon, kalp-damar ve felç hastalıkları gibi birçok metabolik hastalığı önleyebiliriz"* demektedir.

Ünlü Metabolizma Profesörü Sayın Ahmet Aydın da *7'den 70'e Taş Devri Diyeti* kitabında, modern hayatın alışkanlıklarının ve doğal olmayan fabrikasyon yiyeceklerin her yaşta insan sağlığını tehdit ettiğini açıkca vurgulamaktadır. *7'den 70'e Taş Devri Diyeti* kitabı, bu konuda ülkemizde yazılan ilk ve önemli bir başvuru kitabıdır.

Karatay Diyeti kitabı ise son bilimsel çalışmaların ışığı altında, hücre bünyesinde oluşan, fiziksel ve kimyasal (histobiyokimyasal) bozuklukların sağlığımızı ne şekilde bozduğunu açıklamak amacıyla kaleme alındı. Buradaki öneriler ile kan insülin değerinin normal düzeylerde kalmasını sağlayarak, ileri yaşlarda ortaya çıkacak olan birçok sağlık sorununun önü kolaylıkla kesilebilecektir. Bu kitap, klasik bir diyet kitabı değildir! Hayati konulara açıklık getirerek, sağlıklı kalmak için yeni görüşlere yer veren, doğru beslenme ve sağlıklı yaşam biçimi edinme amacına yönelik yol gösterici bir kılavuzdur. Bu nedenle, her yaşta sağlıklı ve hasta kişilerin rahatlıkla uygulayabilecekleri, kolay öneriler ve uygulamalar içermektedir.

Kilo almamak, aşırı kilo ve obeziteyi önleyerek bu durumların neden olduğu sağlık sorunlarının önüne geçmek kendi elimizdedir. İleri yaşlarda ortaya çıkan birçok sağlık sorununun genetik olmadığı, beslenme ve yaşam biçimi değişiklikleri sonucu önlenebildikleri bilimsel araştırmalarla gösterilmiştir.

Sağlığımızı korumak ve hastalanmamak, en kolay ve maliyetsiz yaşam biçimidir. Amacımız bu hayat tarzını seçmek ve uygulamak olmalıdır...

Prof. Dr. M. Canan Efendigil Karatay

Birinci Bölüm:

KARATAY DİYETİ İLE GENÇ KAL UZUN YAŞA...

'Kilo almak' ve 'kilo vermek' ne demektir?

Kilo almak, vücudumuzda istemediğimiz yağların birikmesi (depo edilmesi) demektir. Bunun aksi de kilo vermektir! Diğer bir deyişle kilo vermek, vücut yağlarımızın yıkılması ya da erimesi anlamına gelmektedir.

O halde öncelikle yağların birikme mekanizmasını anlamamız ve bilmemiz gerekiyor...

Evet, işin sırrı bu mekanizmada! Hepimizin bildiği gibi, pankreasımızda üretilen ve salgılanan 'insülin hormonu', kan şekerimizi enerji olarak kullanmamızı sağlıyor. Peki, bundan sonra (kan şekerimizin kullanılamayarak artan kısmına) ne oluyor? İşte bütün sır bu sorunun cevabında saklı! Enerji fazlası durumundaki artık kan şekerimiz, ileride ihtiyaç halinde kullanılmak üzere 'yağ olarak' depolanıyor! Artmış olarak kanımızda dolaşan kan şekerimizi depoya göndererek vücudumuzda birikmesini sağlayan da insulin hormonudur.

Bu konuyu daha net olarak bir örnekle açıklayalım:

- Ağzımıza bir lokmayı alıp çiğnemeye başladığımız anda, kan şekerimiz ve kan insülinimiz birlikte yükselmeye başlar.
- Yemek yedikten ortalama 2-2,5 saat sonra ise insülinin etkisi sonucu kan şekerimiz (günlük yaşamımızı sürdürebilmek için gerekli olan enerjiyi sağlamak adına kullanılmış olduğundan) azalır.
- Kan şekeri, insülin hormonu etkisi ile nefes almamız, yürümemiz, yemek yememiz, kitap okumamız, evde veya işte çalışmamız, uykumuz vb işler için gereken enerjiyi sağlar... Aynen arabalarımızın motorunun çalışması için benzinin yakılması gibi, kan şekerimiz de insülin hormonu sayesinde yıkılmış ve bize o an için gerekli olan enerjiyi sağlamış olur. Bu nedenle yemekten 2-2,5 saat geçtikten sonra kandaki insulin hormonu ve şekerimizin düzeyleri giderek düşmeye başlar!
- Yediğimiz herhangi bir gıdadan sağlanan enerji çok fazla ise (aşırı miktarda gıda tüketilmesi durumunda ya da fizik aktivitemiz çok az olduğu için) bünyemiz yükselen kan şekerinin hepsini yakıt olarak kullanamaz! Bu durumda, insülin hormonunun ikinci görevi devreye girer.
- İnsülin hormonunun önemli ikinci görevi, artmış kan şekerini depo yağlarına dönüştürerek (trigliserid) vücudumuzda yağ olarak depolamasıdır.
- Bu arada yemek yedikten aşağı yukarı 2-2,5 saat geçtikten sonra vücudumuza enerjinin (yakıt ve benzin) sağlanması amacı ile bu sefer pankreasımızdan glukagon denilen bir hormon daha salgılanır.

- 'Glukagon hormonu' da karaciğerimizde önceden depolanmış olan yedek şekerin kanımıza geçmesini ve yakıt olarak kullanılmasını sağlar. Bu şekilde motorun çalışmasını devam ettirebilmek amacı ile gerekli olan yedek yakıt kullanılmış olur. Karaciğer deposundan sağlanan yedek benzinin miktarı çok fazla değildir. Bu nedenle kısa süre içinde tükenir.
- Normal ve sağlıklı şartlarda, herhangi bir gıda yemeden ve acıkmadan 4-5 saat geçirebilmemiz; bu hormonların düzenli, yeterli ve etkili bir şekilde uyum içinde çalışmaları sonucu mümkün olmaktadır. Yemekten 2 saat sonrasına kadar insülin hormonunun, bundan 2 saat sonrasına kadar da glukagon hormonunun etkisi devrededir.

Peki, yemekten sonra 4-5 saat boyunca ağzımıza bir lokma koymazsak, motorumuza enerji nasıl sağlanıyor?

Bu zaman zarfında yani yemekten 4-5 saat sonrasına kadar, ağzımıza bir lokma dahi koymadan normal yaşamımızın devam etmesi amacı ile 'leptin hormonu' adında (son derece önemli olan) bir hormon salgılanmaya başlanır.

Leptin hormonunun görevi, vücudumuzun çeşitli bölgelerinde önceden depolanmış olan yağları yıkarak, vücudumuza gerekli olan yakıtı ve dolayısı ile enerjiyi sağlamaktır. *Leptin hormonu, ikinci yedek depodaki benzinin yakıt olarak kullanılmasını sağlamaktadır.*[1,2]

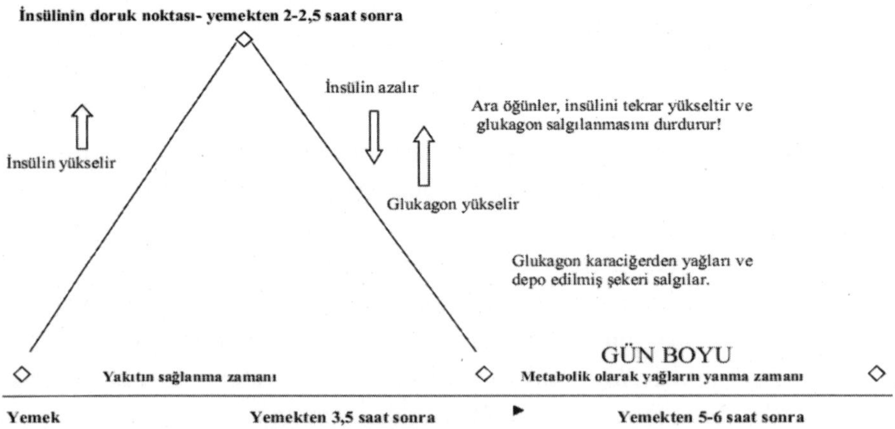

Şekil-1: İnsülinin iniş-çıkış şeması

[1] Friedman JM. The function of leptin in nutrition, weight, and physiology. Nutr Rev.2002 Oct;60(10pt2):s1-14.

[2] Senfert J. Leptin effects on pancretic beta-cell gene expression and function. Diabetes 2004 Feb; 53 Suppl.1:s152-8.

İnsülin ve leptin hormonlarının çalışmalarını şöyle özetleyebiliriz:

- İnsülin hormonu, kan şekerinin yakıt olarak kullanılmasını ve kullanılmayan fazla kısmının da trigliserid[3] olarak (ileride kullanılmak amacıyla) depo edilmesini sağlar.
- Leptin hormonunun görevi ise depoda birikmiş olan vücut yağlarının enerji olarak kullanılmasını sağlamaktır.
- Leptin, 4-5 saat içinde bir şey yenmediği takdirde trigliseridleri (depo edilmiş olan yağlar ve kan yağları) kan şekerine dönüştürerek vücudun ihtiyacı olan enerjiyi sağlar.

İşte bu nedenlerle kilo verebilmemiz yani birikmiş olan yağlarımızın yakıt olarak yıkılması ve enerji sağlayabilmesi için, leptin hormonunun salgılanması şarttır. Daha önce belirtmiş olduğumuz gibi her yemek yedikten sonra ya da sık sık bir şeyler yediğimizde, kan şekerimizle birlikte insülinimiz de yükselmektedir. Bu alışkanlık devam ettiği sürece kanımızdaki insülin hormonu (doğal olarak) sık sık yükselecek ve devamlı olarak yüksek düzeylerde kalacaktır! Yakıt olarak kullanılmamış olan fazla kan şekerimiz de, sürekli yüksek olan kan insülin sayesinde yağ olarak depoya gönderilecektir. İnsülin hormonu, kanımızda hep yüksek düzeylerde kaldığı süre boyunca da yağlar devamlı olarak depolara gönderilecek ve bununla birlikte kilomuz da artacaktır. Sonuç olarak yağlar depo edilmeye devam ediliyorken, aynı anda yakıt olarak kullanılmaları ve yıkılmaları mümkün değildir. Bu nedenle sık sık yemek yediğimiz zaman enerjimiz artmış olsa bile, bu enerji yağların yanması için değil de, yağların depolanması için kullanılmaktadır. Doğal olarak bu süreç devam ettiği müddetçe kilo vermemiz imkânsızdır![4] Ara öğün yiyerek diyet yapmakta olan kişilerin, başlarda kilo verirken daha sonra verdikleri kiloları koruyamamalarının ya da kilo vermek yerine yavaş yavaş kilo almalarının nedeni, sık sık ara öğün yemelerinin sonucu kanlarında insülin hormonunun giderek yükselmesidir.

Sık sık yemek yemek metabolizmamızı hızlandırmaz mı?

Tabii ki hızlandırır... Ancak sık sık yemek yediğimiz zaman kan şekerimiz ve insülinimiz de sürekli olarak yükselmekte ve yüksek kalmaktadır. Kan insülin değerlerinin normal düzeylere inmesine imkân verilmemektedir. Daha önce de belirtmiş olduğumuz gibi, hızlı metabolizma ve yüksek kan insülin değerleri yağların yıkılmasını değil de yağların depoya gönderilmesini sağlar.

---

[3] Trigliserid: Depolanan vücut yağı ve kan yağları

[4] Heini AF., et al., Association of leptin and hunger-satiety ratings in obese women. Int J Obes Relat Metab Disord. 1998 Nov;22(11):1084-7.

Yağların depo edilmeleri sırasında ise birikmiş olan yağların enerji olarak kullanılmaları mümkün değildir! Yüksek insülin hormonu ayrıca karaciğerden fazla kolesterol yapılmasını da artırır, HDL denilen faydalı kan kolesterolünü düşürür ve kanı yoğunlaştırarak, kanın pıhtılaşmasını kolaylaştırır.

Özetle, her yemekten sonra insülin hormonu salgılanır. Daha önce dile getirdiğimiz gibi insülin hormonunun ikinci önemli görevi yağları depolamaktır. Uzun süre yüksek kalan kan şekeri, bu nedenle yağ olarak depolanmaktadır.

Burada banka hesaplarımızdan bir örnek vermek istiyorum:

Sık sık yemek yiyerek, cari hesabımızı kullanıyor gibi, sürekli hazır sunulan enerjiyi kullanıp yakıyoruz. Hatta kullanamadığımızda birikim olarak depo ediyoruz. Aynen vadeli bir banka hesabımızda giderek fazla para biriktirmemiz gibi, yağlarımızı da biriktirip artırıyoruz. Karatay Diyeti'nin amacı, cari hesaplarımızı bir an önce bitirip, vadeli hesabımızı da bozup kullanılmasını sağlamaktır. Ama insülin hormonu devrede olduğu ve devamlı olarak yüksek kaldığı süre içinde, vadeli hesabımıza girip harcamamız imkânsızdır.

Peki, vadeli hesabımıza nasıl ulaşıp, kullanacağız?

Bu, fizik aktivitenin artırılması ile birlikte leptin hormonunun normal bir şekilde görevini yapması sayesinde gerçekleşir.

'Kilo vermede en kritik hormon leptin hormonudur' diyebilir miyiz?

Diyebiliriz. Leptin hormonu, beyaz yağ ve pankreas hücrelerinde üretilip salgılanan, insan vücudunda beyaz yağ hücreleri tarafından depo edilen, 1994 yılında keşfedilmiş bir hormondur. Leptin adı, eski Yunanca 'leptos ve thin=ince' kelimelerinden alınmıştır. Tokluk hissini verme, açlığımızı bastırma, yediklerimizin yeterli olup olmadığını beynimize iletme gibi çok önemli görevleri vardır. Leptin hormonu, insülin hormonu ile birlikte vücudumuzun yakıt ve enerji düzeyini idare eder ve düzenler.

Leptin hormonu, bütün diğer hormonları kontrol eden bir hormondur. Yani vücutta bulunan diğer hormonlar, leptin hormonu olmadan çalışamazlar! Fakat leptin hormonu diğer hormonlar olmadan da çalışabilir.

Organizmada görev yapan bütün hormonlar arasında en son keşfedilen leptin hormonu, bir gemiyi yüzdüren birinci kaptanın görevini yürütür.[5,6]

---

[5] Arch JR. Central regulation of energy balance: inputs,outputs and Leptin resistance. Proc Nutr. Soc.2005 Feb;64(1):39-46.

[6] Havel PJ. Role of adipose tissue in body-weight regulation mechanisms regulating Leptin production and

Leptin hormonu nasıl kilo vermemizi sağlıyor?

Normal fizyolojik şartlarda gündüz ve gece arasında hormonların salgılanması değişik zamanlarda meydana gelir. Gündüzleri her lokmadan sonra insülin hormonu salgılanmaktadır. İnsülin hormonu beyaz yağ hücrelerinde leptin hormonunun salgılanarak depo edilmesini sağlar. Leptin hormonu beyaz yağ hücrelerinde yeterli derecede üretilip depo edilince, fazlası kana geçer (bu depoların yeterli derecede dolduğunun göstergesidir). Kan düzeyi normal seviyelerde olunca, bu sefer leptin hormonu pankreastan insülin yapımını durdurur. İnsülin hormonunun salgılanması engellenince, kan şekerinin yağ olarak depolanması da duracak, kan şeker düzeyi azalmayacak ve tokluk hissi devam edecektir. (Gece ise durum daha da değişik oluyor, çünkü leptin hormonu en fazla ve yüksek düzeyde gece yarısından sonra saat 02:00-05:00 arasında salgılanıyor. Akşam geç vakit yemek yenmediği zaman leptin hormonunun maksimum düzeyde salgılanması da sağlanmış oluyor. Bu hormonun en iyi salgılandığı zaman, rahat ve derin bir uyku anlarıdır.)

Ancak sık sık bir şeyler atıştırılması ya da çok büyük porsiyonlar tüketilmesi sonucu insülin hormonu fazla miktarda salgılanacağı için, kan insülin düzeyi uzun süre yüksek olarak kalacaktır. İnsülin hormonunun sürekli olarak salgılanması, leptin hormonunun da sürekli olarak salgılanmasına neden olur. İnsülin ve leptin hormonlarının dolaşımda uzun süre yüksek olarak kalması, bütün dokularda bulunan insülin ve leptin hormonlarının komutlarını algılayacak olan hücrelerin (reseptörlerin), bu hormonların komutlarını işitemez hale gelmelerine neden olur. Bunun sonucunda leptin hormonu pankreasta bulunan hücrelere etki edemez ve insülinin salgılanmasını engelleyemez. Çünkü pankreasta insülin salgılayan hücreler, leptin hormonunun mesajlarını duyamaz hale gelmiştir. Bu durumda, kulağı az işiten bir insanla konuşurken nasıl ki sesimizi yükseltip bağırarak konuşursak, aynı şekilde insülin ve leptin hormonları da seslerini duyurabilmek için salgılanmalarını giderek artırırlar. Kan insülin ve leptin seviyelerinin giderek yükselmesine rağmen, dokular her iki hormonun da mesajlarını algılayamaz durumda olduklarından normal bir şekilde fonksiyonlarını yürütemezler.

Leptin hormonunun mesajını algılayamayan pankreas hücreleri, insülin salgılamaya ara vermeden devam edeceğinden, yağların depolanması da sürekli bir şekilde devam edecektir. Bu durumda ne kadar az yesek de, yavaş yavaş yağlarımız ve de kilomuz giderek artacaktır.

---

energy balance. Proc.Nutr Soc.2000 Aug;59(3):359-70.

Bütün vücut dokularımızda; beynimizde, karaciğer ve pankreasta, kalp ve bütün kaslarımızda gelişmiş olan bu emirleri algılayamama durumuna, bilimsel olarak 'insülin ve leptin direnci' adını veriyoruz. Diğer bir deyişle 'hiperinsülinemik hastalık' diyoruz.[7,8]

İleri yaşlarda görülen hastalıklara 'dejeneratif hastalıklar' denilmektedir. Bu hastalıkların ortaya çıkması, genel bir metabolizma bozukluğu sonucu olmaktadır. Metabolizma bozukluğunun altında bu bölümde anlatmış olduğumuz insülin ve leptin dirençlerinin yanı sıra, bir stres hormonu olan 'adrenalin hormonu' direnci de bulunmaktadır.

İşte genel metabolizma bozukluğu ve dejeneratif hastalıkların tümünün temelinde şu sacayağı yatmaktadır:

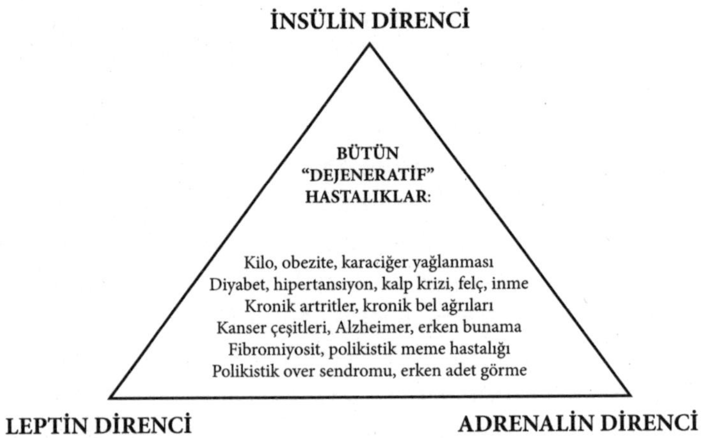

Şekil-2: Hiperinsülinemik hastalıklar

Bu tehlike üçgeni (Şekil-2), bütün dejeneratif hastalıkların oluşmasında tek payda olarak büyük bir risk faktörüdür. Metabolizma açısından önemli olan bu sacayağı, bütün vücut hücrelerinde, dokularında ve organlarında arteriyoskleroz (küçük damarların hasta olması) nedenidir. Arteriyoskleroz ya da ateroskleroz, genel olarak bütün organlarda yaygın bir şekilde gelişir.

Ateroskleroz, başlangıçta fark edilmeyen karaciğer yağlanması, kilo alma ve şeker metabolizmasının bozulması ile sinsi bir şekilde başlar. Örneğin, şeker metabolizma bozukluğu senelerce sinsice devam ettikten sonra, TİP II de-

7 Bank SA., et al., Triglycerides induce leptin resistance at blood-brain barrier. Diabetes 2004 May;53(5):253-60.

8 Çiftci, Ç., et al., "The Adipocyte Hormones and Relationship with Metabolic Syndrome Components", European Journal of Clinical Investigation, 36, 282, 2006.

diğimiz şeker hastalığı (diyabet) olarak ortaya çıkar. Bu sırada sinsice gelişmekte olan adrenalin direnci sonucu kan basıncı da yükselir.[9, 10, 11]

Önemli olan diğer bir nokta da sacayağında gördüğümüz bu üç faktörün (insülin, leptin ve adrenalin direnci); ailesel, kalıtsal ya da konjenital olmadığı, iç ve dış etkenlerle ileri yaşlarda ortaya çıkmaları konusudur.

Önemle vurgulanması gereken, sacayağı üçgeni (Şekil-2) içinde listelemiş olduğumuz bütün dejeneratif hastalıkların önlenebilir hastalıklar olmalarıdır.

Bu kitap, işte bu nedenlerle kaleme alınmıştır. Kendi sağlığımızı ele almanın ve hastalanmamızı önlemenin zamanı gelmiştir. Sağlığımızı korumak her açıdan en rahat ve en ucuz yoldur. İnsülin ve leptin direnci olan kişiler sık sık acıkır ve devamlı olarak 'acıkma' ya da 'doyamama' korkusu içinde yaşarlar. Hemen acıkınca da buldukları her türlü tatlı, çikolata, şeker ve şekerli içeceklere saldırırlar. Diğer bir deyişle sık sık acıkıyorsak ya da sık sık bir şeyler atıştırmadan duramıyorsak, vücudumuzda insülin ve leptin direnci gelişmiş demektir. Tüm hücrelerimizde henüz gözümüzle görüp fark edemediğimiz sinsi, hiperinsülinemik hastalıklar gelişmektedir. Kan insülin düzeyi normalin üstünde olmaya başladığında, subklinik[12] olarak hücresel düzeyde kronik dejeneratif hastalıklar başlamıştır. Bizler farkında olmadan, vücudumuzda sinsi bir düşük yoğunluklu savaş başlamış ve devam ediyor demektir.

Kandaki insülin hormonu düzeyi ne kadar olmalıdır?

12 saatlik açlıktan sonra alınan kanda normal kan insülin hormonu değeri, 5 IU/ml (Internasyonal Ünite/ml) dolaylarında olmalıdır. Kan insülin değerleri 2,5-5 IU/ml bulunan kişilerin uzun ömürlü oldukları ve sağlıklı yaşadıkları birçok bilimsel araştırma ile gösterilmiştir.

İnsülin ve leptin direncinin en önemli belirtisi nedir?

İnsülin ve leptin direnci devam ettiği süre boyunca ne yağlarımız yıkılabilir ne de sağlıklı bir şekilde kilo vermemiz mümkün olabilir. Bütün organlarımızın içinde ve etrafında yağlar birikmeye devam eder. Bacaklar, kalçalar, gıdık,

---

[9] Tsuda K., et al., Leptin and membrane fluidity of erythrocytes in essential hypertension. Am J Hyperten. 2004 Apr;17(4):375-9.

[10] Pantanetti P., et al., Adipose tissue as an endocrine organ? A review of recent data related to cardiovascular complications of endocrine dysfunction. Clin Exp Hypertens. 2004 May;26(4):387-98.

[11] Türkoğlu Ç., et.al., "Effect of Abdominal Obesity on Insulin Resistance and the Components of the Metabolic Syndrome: Evidence Supporting Obesity as the Central Feature," Obes Surg, 13, 699-705 (2003).

[12] Subklinik: Hastalık belirti ve semptomları hafif olduğundan farkedilmeyen bir hastalık durumu

karaciğer, kalp, böbrek ve karında yağlar birikmiştir.

Göbekte yağlanma, hem erkeklerde hem de kadınlarda hafif derecede olsa bile araba tekerliği şeklini almaya başlamıştır. Karaciğer yağlanması sonucu gelişen göbek yağlanması, insülin ve leptin direncinin önemli bir belirtisidir.[13,14] Bu, karnımızın içinin ve bütün organlarımızın yağla dolu olduğunun bir göstergesidir! İnsülin ve leptin direnci ortadan kalkmadan bu yağlar yıkılmaz ve kilo verilemez. Aç kalarak birkaç kilo verilebilse dahi, verilen kilolardan daha fazlasının kısa bir süre sonra geri alınması, karaciğer yağlanması sonucunda gelişmiş olan insülin ve leptin direncinin neticesidir.

Demek oluyor ki, aç kalarak ya da düşük kalori ile beslenerek kilo verilse bile, verilen kilolar kısa sürede geri alınıyor. Sık sık, az miktarda ve düşük kalorili yiyeceklerin de mutlaka insülin hormonunun salgılanmasına neden olduğunu ve karaciğer yağlanması, göbek çevresinin artması ile birlikte insülin ve leptin direncini daha da artırdığını unutmamamız gerekir. Bu nedenle her hafta yeni bir diyet listesi piyasaya sürülmekte, medya ve basın organlarında yer almaktadır. Bunlar, bir yandan tercüme diyet olmaları, öte yandan da insülin ve leptin direncine neden olmaları sebebi ile büyük çoğunluğunun kalıcı bir zayıflama sağlamadığı ve başarısız olduğu kısa sürede ortaya çıkmaktadır. Bütün tercüme diyetler, hangi ülkede düzenlenmişse kısmen o yöre halkının imkân ve alışkanlıklarına yönelik olarak hazırlanmaktadır.

Önemli olan yiyeceklerimizi, mutfağımızda ve pazarlarımızda kolaylıkla temin edilebilen yerel ürünlerimizle hazırlayabilmemizdir. Alışmış olduğumuz, damak tadımıza göre hazırlanmış ve rahatlıkla ulaşabileceğimiz doğal besinleri tüketmemiz, diyetin sürekli bir şekilde uygulanabilir olmasını da sağlayacaktır.

'Karatay Diyeti'nin piyasada bulunan diğer diyetlerden farkı nedir?

Bu kitap, insülin ve leptin direncini kırmak, karaciğer yağlanmasının dolayısı ile göbek yağının ilerlemesinin önüne geçmek ve geriletmek amacını hedef almıştır. Sıradan bir mucize diyet listesi değildir. Sağlıklı bir yaşam biçimi edinmek için kolayca uygulanabilen öneriler içermektedir.

Karatay Diyeti'nin diğer diyetlerden daha rahat uygulanabilir ve farklı olmasının temelinde, düşük glisemik indeksli besinlerin tüketilmesinin önemi-

---

[13] Lofgren I., et al., Waist circumference is a better predictor than body mass index of coronary heart disease risk in overweight premenopausal women. J Nutr. 2004 May;134(5):1071-6.

[14] Kurukulasuriya LR., et al., Stroke prevention in diabetes and obesity. Exper Rev Cardiovasc Ther. 2006 Jul;4(4):487-502.

nin öne çıkması yatmaktadır.[15, 16] Ek olarak, birçok diyet ile senelerden beri önerilmekte olan günlük kalori hesabının yer almamasının yanı sıra, yasaklanmış ya da kısıtlanmış olan sağlıklı yağların, sağlık ve özellikle kilo verme sürecinde önemlerinin vurgulanmasıdır.

Sağlıklı yağlar tüketilmedikçe, insülin ve leptin direnci kırılamaz ve kilo vermemiz mümkün olmaz! Diğer bir deyişle vücudumuzda depolanmış ve kanımızda birikmiş yağların (trigliseridlerin) yıkılarak azalması için sağlıklı olan yağları mutlaka tüketmemiz gerekiyor.

Karatay Diyeti, sıkıntıya girmeden kolayca ve rahatlıkla uygulayabileceğiniz bir beslenme ve yaşam biçimini size sunmaktadır. Her gün semt pazarlarında bulunan yiyeceklerin sağlıklı bir şekilde hazırlanıp, tüketilmelerinin planlanması için bir kılavuz niteliğindedir. Sağlıklı bir yaşam için yedisinden yetmişine, çocuk, genç, hamile, lohusa, hasta her bireyin hayat boyu kolaylıkla uygulayabileceği önerileri içermektedir.

Dokularımızı, insülin ve leptin hormonlarının mesajlarını tekrar algılayacak, üzerlerinde oluşmuş insülin ve leptin direncini kıracak duruma nasıl getirebiliriz?

İnsülin ve leptin direncini kırmak, birden fazla yaşam ve beslenme biçimi değişikliği ile mümkündür. Bunları şöyle sıralayabiliriz:

Fizik aktivite

Yapılan bilimsel araştırmalar, insülin ve leptin direncinin ilk etapta hareketsizliğe bağlı olarak bacak adalelerinde başladığını göstermiştir. İnsan vücudunda en büyük kitleyi bacak ve kalça adaleleri oluşturur. Dolayısı ile yakıta en fazla ihtiyacı olan ve bu yakıtı en yoğun düzeyde kullanan dokular, bacak ve kalça adaleleridir. Bu nedenle düzenli olarak (devamlı bir şekilde) fizik aktivite yaparak, bacak ve kalça adalelerinin insülin ve leptin hormonlarına olan hassasiyetlerini geri kazanmak mümkün olmaktadır.

Bacak adalelelerinden sonra, karaciğer ve diğer organlarda insülin ve leptin direnci gelişmesi izlenir. Şişman kişilerde karaciğer yağlanmasının oluşması sonucu, göbek etrafında araba tekerleği şeklinde yağların birikmesinin nedeni de budur. İşte bu sebeplerle en başta fizik aktivitemizi artırarak insülin ve leptin direncinin gelişmesini önlemek elimizdedir. Günlük fizik aktivitemizi artırarak, oluşmuş olan insülin ve leptin direncini, bunların sonucu gelişebilecek

---

[15] Pi-Sunyer., et.al., Glycemic index and disease. Am J Clin Nutr. 2002;76:290S-298S..

[16] Ludwig DS., et al., The glycemic index at 20 years. Am J Clin Nutr. 2002;76:264S-265S.

dejeneratif hastalıkları önlemek ve geri çevirmek de her zaman mümkündür.

Hekimlerin babası olan İstanköylü Hipokrat (Hippocrates), asırlar önce (MÖ V. yüzyıl) *"Uzun yol yürüyen uzun yaşar"* demiş ve ada halkını eşeğe çok bindikleri için sağlıklarını kaybedecekleri konusunda uyarmıştır.

Düşük glisemik indeksli gıdalar tüketmek

Muntazam bir şekilde fizik aktivite ile birlikte 'sağlıklı karbonhidratları' diğer bir deyişle düşük glisemik indeksli (Gİ) gıdaları tüketmeye başladığımızda insülin ve leptin direnci yavaş yavaş kırılacağından kilo vermeye başlarız.[17, 18] Bununla birlikte yüksek glisemik indeksli yiyecekleri, içecekleri ve işlenmiş bütün gıdaları (glisemik indeksleri yüksektir ve trans yağ içerirler) hayatımızdan çıkardığımızda yağlarımız giderek azalır. Depo yağlarımızın yıkılarak azalması sonucu kilo verirken aynı zamanda dinçleşiriz, yorgunluk ve halsizlik hissetmeyiz, uykularımız da düzene girer. Karaciğerimiz sağlıklı çalışmaya başlayacağı için bütün hormonlarımızla birlikte kan yağlarımız da sağlıklı düzeylere iner. Yükselmiş olan kan basıncımız da normalleşir.

Sağlıklı yağları kullanmak

Düşük glisemik indeksli gıdalar tüketirken, sağlıklı yağların da kullanılmasıyla insülin ve leptin direncini önlemek ve kırmak daha da kolaylaşacaktır. Sağlıklı yağların insülin ve leptin direncini kırarak hiperinsülinemik hastalıkları önlediği birçok bilimsel çalışma ile gösterilmiştir. Bu konuyu üçüncü bölümde 'tüketmemiz gereken sağlıklı yağlar ve uzak durmamız gereken trans yağlar' konusu içinde kapsamlı bir şekilde anlatacağız.

İşlenmiş gıdalardan uzak durmak

Yiyeceklerimizi mümkün olduğu kadar doğal, bütün ve bozulmamış olarak, yani herhangi bir fabrikaya girip çıkmamış ve endüstriyel işlem görmemiş şekilde tüketmek, insülin ve leptin direncini kırmak için son derece önemlidir.

Doğal yiyecek ve içecekler, lifleri parçalanmamış olduğu için düşük glisemik indeksli gıdalardır. Bu önemli özelliklerinin yanı sıra, organizmaya zarar veren herhangi bir ilaç, yemek boyası ve kimyasal katkı maddesi ya da trans yağ içermezler. Bu nedenlerle sağlıklı beslenme ve yaşam için tercih edilmelerinde sonsuz yararlar bulunmaktadır.

---

[17] Lofgren I., et al., Weight loss associated with reduced of carbohydrate reduces the atherogenicity of LDL in premenopausal women. Metabolism. 2005 Sept;54(9):1133-41.

[18] Wood RJ., et alç, Carbohydrate restriction alters lipoprotein metabolism by modifying VLDL, LDL and HDL subfraction distribution and size in overwight men. J Nutr 2006 Feb;136(2):384-9.

Bu alanda otorite olan Sayın Prof. Dr. Ahmet Aydın'ın *7'den 70'e Taş Devri Diyeti* adlı kitabı doğru beslenme konusunda oldukça kapsamlı olarak yazılmış en önemli kaynaklardan biridir ve bu konuda şimdiye kadar söylenmemiş bütün gerçekleri bilimsel olarak gözler önüne sermektedir.

Düşük glisemik indeksli gıdalar insülin direncini nasıl kırıyor?

Düşük glisemik indeksli gıdalar denilen 'sağlıklı' karbonhidratlar, uzun süre tokluk hissi sağlayan yiyecekler grubudur.[19] Bu tür gıdalarla beslenen kişilerde, en güçlü hislerden biri olan 'acıkma hissi' oluşmaz. Sonuç olarak, sık sık yemek yeme dürtüsü ortadan kalkar. Reaktif hipoglisemi atakları önlenmiş olur. Sık sık insülin hormonu salgılanmadığı için de doğal olarak insülin ve leptin direnci gelişemez. Gelişmiş olan da yavaş yavaş geriler. Göbek ve karna depo olmuş yağlar da yavaş yavaş yıkılmaya başlar.

Glisemik indeks nedir? Düşük glisemik indeksli (Gİ) gıdaların yararları nelerdir?

Glisemik indeks (Gİ), herhangi bir yiyeceğin içinde bulunan karbonhidrat miktarına göre hesaplanır. Karbonhidrat içeren bir yiyecek kana geçtiğinde, kan şekerini yükseltme hızını gösterir.

Örneğin, 50 gr toz şekerin glisemik indeksi hızlı bir şekilde kan şekerini yükselttiği için çok yüksektir ve 100 (yüz) olarak kabul edilir. Diğer karbonhidrat içeren yiyeceklerin glisemik indeksleri ise 100 (yüz) üzerinden -100'e (yüze) oranla- hesaplanır. Karbonhidrat içeren yiyecekler düşük, orta ve yüksek glisemik indeksli olarak üç gruba ayrılır:

- Yüksek Gİ: 100-70
- Orta Gİ: 70-50
- Düşük Gİ: 0-55

Rafine edilmiş ve işlenmiş hazır yiyeceklerin glisemik indeksleri de şeker gibi çok yüksektir ve 100 olarak hesaplanmıştır.

Fabrikalarda büyük miktarlarda üretilen bütün yiyecekler, uzun süre bozulmadan kalabilmeleri için çeşitli işlemlere tabii tutulurlar. Bu tür gıdalar, raf ömürleri uzatılmak amacı ile doğal olan faydalı liflerinden, yağlarından ve vitaminlerinden endüstriyel işlemlerle arındırılır, böylece kısa sürede bozulmaları önlenmiş olur.

---

19 Frost G., et al., The relevance of the glycaemic index to our understanding of dietary carbohydrates. Diabetic Medicine 2000;17:336-45.

Özgün maddeleri yok edilen yiyeceklere daha sonra damak tadını sağlama amacı ile çeşitli suni tatlandırıcılar, gıda katkı maddeleri ve gıda boyaları eklenir. Bu işlemleri görmüş yiyecekler ağıza alındığı anda (ağzımızdan emilerek), hızlı bir şekilde kan şekerimizi yükseltirler. Ayrıca lifleri (posaları) yok edilmiş olduğundan, hazmedilmeleri hızlanmış ve kolaylaşmıştır. Mideden çabucak geçerek incebağırsağa ulaşırlar. Uzun bir tüp şeklinde olan incebağırsağın başlangıç bölümünden de hemen hazmedilirler ve bağırsağın son bölümüne kadar bile ulaşamazlar. Mide ve bağırsaklar kısa süre içinde boşalır.

Mide ve bağırsakların hemen boşalması ile bu organlarda bazı hormonlar salgılanır. Bu hormonlar, mide ve bağırsakların boşalmış olduğunu, sistemde yeterli besin ve yakıt kalmadığı mesajını beynimize iletir. Bunun sonucu da acıkma hissi ve yemek yeme isteğidir.

Rafine edilmiş ve işlem görmüş hazır yiyeceklerin hazmedilmeleri çok hızlı olmaktadır. Bu tür yiyecekler, mide ve bağırsaklardan çok çabuk emilip kan şekeri ve insülinimizin hızla yükselmesine neden olur. İnsülin hormonunun aşırı bir hızla yükselmesi, kan şekerinin çabucak kullanılmasına ve hızla düşmesine neden olur. Reaktif hipoglisemi diye adlandırdığımız bu durum, insülin ve leptin direncinin en önemli belirtisidir. Aşırı açlık hissi, mide ezilmesi, huzursuzluk gibi rahatsızlıların bir an önce giderilmesi için tatlı, çikolata ve şekerlere veya aşırı şekerli içeceklere saldırmamız kaçınılmaz olur. Bu da sık sık yeme ihtiyacımızı kamçılayacak ve de bahsetmiş olduğumuz kısır döngüyü başlatarak insülin ve leptin direncinin gelişme ve ilerlemesine neden olacaktır.

Büyük bir tabak mantı ya da çift kaşarlı bir tost yedikten 2 saat sonra tekrar acıkmamızın nedeni, rafine unlarla hazırlanmış bu hazır yiyeceklerin doğal sonuçlarıdır. Yüksek glisemik indeksli karbonhidrat içeren yiyecek ve içecekler, insülin ve leptin direncini kamçılar.

Lifi fazla olan ya da posalı yani karbonhidrat oranı düşük yiyeceklerin hazmedilmeleri yavaş olduğundan, mide ve incebağırsakta uzun süre kalırlar. Bu nedenle, kaba ve doğal lifi fazla olan besinlerin mide ve bağırsaklarımızda hazım süresi uzundur. Yiyeceklerin içindeki lif miktarları arttıkça, glisemik indeks değerleri azalır. Bu nedenle şekerimiz ve buna paralel olarak insülin hormonu yavaş yavaş ve azar azar yükselir. Yemekten 2 saat sonra acıkma hissimiz ortaya çıkmaz ya da midemizde ezilme hissetmeyiz. Yiyecekler, oldukça uzun olan incebağırsağın sonuna kadar bağırsakta kalarak hazmedilmeye devam ederler.

Yiyeceklerin mide ve ince bağırsakta uzun süre kalmaları sonucu, başta leptin hormonu olmak üzere, mide ve ince bağırsağın son bölümlerinden salgılanan bazı hormonlar, beynimize sistemde yeterli yakıt olduğunu ve henüz herhangi bir yiyeceğe ihtiyaç olmadığını iletirler. Yemek yedikten 1-2 saat sonra acıkmamamızın ve tokluk hissimizin uzun süre devam etmesinin nedeni, düşük glisemik indeksli gıdaların tüketilmesidir.

Düşük glisemik indeksli yiyeceklerin tüketilmesinin faydalarını şöyle sıralayabiliriz:

- Tokluk hissimiz uzun sürer, acıkmayız ve canımız sık sık bir şeyler yemek istemez. Tatlı, çikolata ve şekere hücum etmeyiz.
- Kan şekerimizde ani iniş çıkışlar olmadığından, şeker ve tatlı arzu etmeyiz. Reaktif hipoglisemi sonucu ortaya çıkan, açlık, halsizlik, yorgunluk ve sinirlilik halleri oluşmaz. Yemek yedikten 1-2 saat sonra gelişen hipoglisemi nöbetleri önlenir.
- Düşük glisemik indeksli bütün yiyecekler (sağlıklı karbonhidratlar), uzun süre tokluk hissi verirler.[20] Bu süre içinde leptin hormonu salgılanacağından, ihtiyacımız olan enerji depolanmış yağlarımızdan sağlanmış olur. Dolayısı ile kendi depo yağlarımızın ara öğün olarak kullanılmasına fırsat vermiş oluruz. Bu nedenle sağlıklı bir şekilde kilo vermek mümkün olur ve verilen kilolar birkaç ay sonra geri alınmaz!
- TİP I ve TİP II şeker (diyabet) hastaları, düşük glisemik indeksli yiyeceklerle beslendikleri ve ekmek yemedikleri zaman, kan şekeri kontrolleri daha kolay ve sağlıklı şekilde sağlanır.[21, 22] Şeker hastalarının aşırı kilo almaları önlenir ve insülin ihtiyaçları giderek azalır. Bu şekilde şeker hastalarında görülen komplikasyonların birçoğu önlenir ve azalır.[23]

Düşük glisemik indeksli besinler vücudumuzda ne gibi değişikliklere neden oluyor?

- Gün boyunca kan insülini düşük kalır ve dalgalanma göstermediği için acıkma hissi olmaz. Uzun süre tokluk hissedilir.
- Ara öğün olarak göbekte biriken yağımızı ve iç yağ depolarımızı kullanırız.
- Yağlarımız depolanmaz, daha hızlı yıkılarak giderek azalır, karaciğer ve göbek yağımız erir ve göbek çevremiz incelir.

---

[20] Jenkins DJA., et al., Glycemic index: overview of implications in health and disease. Am J Clin Nutr.2002;76:266S-273S.

[21] Irene S., et al., Lower Carbohydrate/Hihger Monounsaturated Diet Appropriate in Type 1 Diabetes. Diabetes Care 2009 Sept;32:1597-1599.

[22] Bayken AE., et al., Glycemic index in the diet of European outpatients with type 1 diabetes:relation to glycated hemoglobin and serum lipids. Am J Clin Nutr. 2001;73:574-81.

[23] Brynes AE., et al., A randomised four-intervention crossover study investigating the effect of carbohydrates on daytime profiles of insulin, glucose, non-esterified fatty acids and triacylglcerols in middle aged men. Br J Nutr.2003 Feb;89(2):207-18.

- Kilolarımızı rahatlıkla verir, tekrar geri almayız ve verdiğimiz kiloda kalırız.
- Hiçbir şekilde isteksiz, sinirli, sıkıntılı ve umutsuz duygular olmayız. Kendimizi bütün gün dinç ve enerjik hissederiz, halsizlik ve bitkinlik olmaz.
- Kaslarımız erimez. Su kaybımız olmaz.
- Karaciğerde biriken yağımız eridiği için, karaciğerimiz sağlığına kavuşarak normal çalışır.
- Metabolizmamızda yavaşlama olmaz, bilakis hızlanır.
- Fizik aktivitemize yorulmadan devam edebiliriz.
- Kan yağlarımız normalleşir; HDL yükselir, depo yağ şekli olan trigliseridler düşer.[24, 25]
- Bağırsaklarımız düzenli şekilde çalışmaya başlar. Kabızlık varsa giderilir.
- Şişmanlık ve obezite önlenmiş olur.
- Obezite sonucu gelişen sağlık sorunları ortaya çıkmaz, çıkmış olanlar da geriler ve düzelir.
- Tansiyonumuz normalleşir.
- Kalp hastalıkları, felç, inme, Alzheimer riski azalır.
- Her türlü kanser riski azalır. Çünkü sürekli şeker ve insülin yüksekliği ve fazla kilolar kanser nedeni olarak kabul edilmektedir.
- Şeker hastalığı gelişmez. Diabet hastalarında şeker kontrolü daha kolay olur, hatta düzelir.[26, 27]
- Şeker hastalığına bağlı tehlikeli komplikasyonlar azalarak yok olur.
- Eklem ağrıları ve artrit gelişmez. Oluşmuş olanlar geriler ve şikâyetler azalır.
- Fibro kistik meme hastalığı oluşmaz.
- Polikistik over hastalığı gelişmez.
- Yaygın fibromiyosit ağrıları geriler ve kaybolur.
- Düşüncelerimiz berraklaşır. Uykularımız düzene girer, horlama biter.
- Hepsinden en önemli olanı, vücut bağışıklık sistemi güçlenir.
- Bakteri, virüs, alerji ve kansere sebep olan etkenlerle hastalanma zorlaşır. Hastalanma durumunda da kısa süre içinde sağlığımızı kazanırız.

---

[24] Ford ES., et al., Glycemic index and serm high-densityilipoprotein cholesterol concenteration amonf US adults. Arch Inter Med.2009;161:572-6.

[25] Frodt,G., et al., Glycaemic index as a determinant of serum HDL-cholesterol concentration. Lancet 1999;353:1045-48.

[26] Giacco R., et al., Long-term dietary treatment with increased amounts of fibre-rich low glycemic index natural foods improves blood glucose control and reduces the number of hypoglycemic events in type 1 diabetic patients. Diabetes Care 2000;23:1461-66.

[27] Wille HW., et al., Glycemic index, glycemic load and risk of type 2 diabetes. Am J Clin Nutr.2002;76:274S-280S.

Tüm bunların sonucunda bütün hiperinsülinemik hastalıklar (Şekil-2) önlenir, riskleri azalır, geriler ve ortadan kalkar.[28] Glisemik indeks bir yiyeceğin içerdiği karbonhidratların özelliğini ve kalitesini bize gösterir. Karbonhidratların hepsi aynı kalite ve özellikte değildir. Daha önce de bahsetmiş olduğumuz gibi, hazmedilmeleri kolay ve çabuk olanlar ya da hazmedilmeleri yavaş ve uzun olan değişik karbonhidrat çeşitleri bulunmaktadır.

Düşük glisemik indeksli gıdalar ile beslenmeye başlayan Tip I ve Tip II diyabet hastalarının şeker kontrolü daha kolay olmakta ve bu hastalıklarda ortaya çıkan birçok komplikasyon önlenebilmektedir.[29, 30, 31]

İnsülin ve leptin direnci, birçok tehlikeli hastalığa neden olduğu için tıp dilinde 'gizli katil' olarak da adlandırılmaktadır. Daha önce de değinmiş olduğumuz gibi hiperinsülinemik hastalıkların tümü sinsi bir şekilde başlar ve oldukça uzun bir süre fark edilmeden gelişir. Bu süre zarfında organizmada da tahribat oluşur ve bu oluşum sinsice ilerler.

Düşük glisemik indeksli gıdalar ile beslenme sonucu aşırı kiloların verilmesi ile insülin ve leptin direnci kırılacağından dolayı hiperinsülinemik hastalıklar (kalp damar hastalıkları, inme, erken bunama, Alzheimer, kronik artritler, fibromiyalji, birçok kanser türü, polikistik over hastalığı, fibrokistik meme hastalıkları) riskinin azaldığı ve önlenebildiği birçok bilimsel çalışmada gösterilmiştir.[32, 33, 34]

Sağlığımızı geri kazanmak ve sağlıklı bir şekilde yaşamak için, her gün önümüze gelen bazı yiyeceklerin glisemik indeks değerlerini bilerek, bilinçli bir şekilde tüketmemiz faydalı olacaktır. Yemeklerimizi hazırlayıp, tüketirken bu listedeki yiyecekler bir örnek olarak dikkate alındığında, kilo vermemiz ve sağlığımıza kavuşmamız daha kolay olacaktır.

Yiyeceklerimizin glisemik indeks değerleri, yemeğin pişirilme şekline bağlı olarak da farklılık gösterir. Bu konuya açıklık getirmek amacı ile bir örnek vermek istiyorum. Hepimizin bildiği gibi bütün sebzeler pişirildikten sonra yumuşar. Bunun nedeni, sebzelerde bulunan selüloz liflerinin pişirilmeleri sırasında parçalanıp şişmeleridir. Lahana salatası çiğ olarak yenildiği zaman gli-

---

[28] Leads, AR., Glycemic index and heart disease. Am J Clin Nutr. 2002; 76:286S-289S.

[29] Salmeron JA., et al., Dietary fiber, glycemic load, and risk of NIDDM in men. Diabetes Care 1997;20:545-50.

[30] Salmeron JA., et al., Dietary fiber, glycemic load, and risk of NIDDM in women. J Am Med Assoc. 1997;277:472-77.

[31] Dietitions Association of Australia review paper. Glycaemic index in diabetes management. Austr J Nutr Diete. 1997;54(2): 57-63.

[32] Brand-Miller JC., et al., Glycemic index and obesity. Am J Clin Nutr. 2002;76:281S-285S.

[33] Ludwig DS., et al., High glycemic index foods, over eating, and obesity. Pediatrics 1999; 103(3).

[34] Ludwig DS., et al., Dietary glycemic index and obesity. J Nutr. 2000;130:280S-83S.

semik indeks değeri 100 üzerinden 15 kadardır. Bu nedenle ve içerdiği lignan maddesinin de etkisi ile çiğ olarak tüketildiğinde son derece sağlıklı olduğu bilinmektedir. Oysa lahana kapuska yemeği haline dönüştüğünde, haşlanma sonucu selüloz lifleri parçalanıp yumuşar. Bu nedenle hazmedilmeleri pişmemiş lahanadan daha kolay ve çabuk olur. Pişmiş lahananın glisemik indeksi 40 olup yükselmiştir. Ama gene de düşük indekslidir, çünkü total olarak az miktarda karbonhidrat içermektedir. Bu nedenle, lahana ve lahana grubunda bulunan karnabahar ve brokoli bol miktarda (pişmiş ya da çiğ olarak salata şeklinde) tüketilmelidir. Lignan maddesi içeren lahana grubu sebzelerin her türlü kanseri önlediği de bilinmektedir.

Düşük glisemik indeksli (Gİ) gıdalar hangileridir?

a) Proteinler

Karbonhidrat içermediklerinden ya da ölçülemeyecek kadar az içerdiklerinden dolayı proteinlerin glisemik indeksleri 100 üzerinden sıfırdır. Bu nedenle korkmadan kalori hesabı yapmaksızın tüketilebilirler.

Bu gruptaki yiyecekler ve glisemik indeks değerleri şöyledir:

→ Etler = 0
→ Balıklar = 0
→ Yumurta = 0
→ Peynir = 0
→ Yoğurt = 0
→ Süt = 0
→ Ayran = 0

b) Sebzeler

Sebzeler de çiğ olarak tüketildikleri zaman çok az miktarda karbonhidrat içerdiklerinden dolayı glisemik değerleri çok düşüktür. Ancak pişirildiklerinde bu değerlerin yükseleceğini daha önce de açıklamıştık. Örneğin glisemik indeks değeri düşük olan çiğ havuç, 100 üzerinden 40 olduğu halde, pişirildiği zaman glisemik indeksi 100 üzerinden 60-70'lere kadar çıkmaktadır.

Bu örnekten anlaşılacağı üzere sebzeler çiğ olarak tüketildiklerinde sağlıklıdırlar. Kan şekerini, kan insülin ve leptin düzeylerini yükseltmediklerinden dolayı, karaciğer yağlanmasını ve vücut yağlanmasını artırmaz, bilakis azalmasına neden olurlar. Her meyve ve sebzenin glisemik indeks değeri farklıdır.

Sık kullandığımız bazı sebzelerin (çiğ olarak) 100 üzerinden glisemik indeks değerleri şöyledir:

→ Lahana (her türlüsü), karnabahar, brokoli = 0
→ Enginar, kereviz = 0 (karaciğer için sağlıklı olarak bilinmelerinin nedeni de, sıfır düzeyde karbonhidrat içermelerinden dolayıdır!)
→ Patlıcan, kabak, biber (yeşil, kırmızı) = 0
→ Salatalık, domates, marul, kuru soğan = 0
→ Taze yeşil fasulye = 48
→ Turp (her türlüsü) = 15
→ Yer elması = 15
→ Çiğ havuç = 40, (havuç haşlanınca = 70)

c) Baklagiller

Sık kullandığımız baklagillerin (pişmiş) 100 üzerinden glisemik indeks değerleri şöyledir:

→ Yerfıstığı (baklagiller ailesine aittir, fıstık ailesinden değildir!) = 0
→ Kuru fasulye ve barbunya = 30
→ Kuru bakla = 79
→ Mercimek (her türlüsü) = 30
→ Kuru börülce = 30
→ Nohut = 42

d) Kuruyemişler

Sık tükettiğimiz kuruyemişlerin 100 üzerinden glisemik indeks değerleri şöyledir:

→ Badem = 0-15
→ Ceviz = 0-15
→ Kavrulmamış fındık = 0-15
→ Kavrulmamış yerfıstığı = 0-15
→ Antep fıstığı = 0-15
→ Fındık ve çekirdekli siyah kuru üzüm karışımı = 20
→ Kuru kayısı/gün kurusu = 30
→ Kuru mürdüm eriği = 29

e) Meyveler

Düşük glisemik indeksli bazı taze meyvelerin100 üzerinden glisemik indeks değerleri şöyledir:

→ Kiraz, vişne = 22
→ Erik (her türlüsü) = 24
→ Greyfurt = 25

→ Şeftali = 28
→ Elma, armut = 40
→ Çilek, böğürtlen, karadut = 40
→ Portakal = 45
→ Taze üzüm = 53
→ Taze kayısı = 57

Önemli not

Düşük glisemik indeksli yiyecekleri de büyük porsiyonlar olarak tüketirsek, 'yüksek glisemik yük' denilen yüksek glisemik değerler ortaya çıkar. Bu sebeple tüketeceğimiz gıdaların hiçbir zaman çok büyük porsiyonlarda olmaması gereklidir. Doyunca yemeği bırakmamız yeterlidir.

Karatay Diyeti'nin bir günlük (düşük glisemik indeksli) mönüsünde neler yer alıyor?

KAHVALTI: 07.00-09.00 ARASI (HER SABAH)

- Az pişmiş 2 adet yumurta.

Hazır lop, rafadan veya düşük ısıda tavada saf tereyağında fazla katı olmadan pişirilebilir. Menemen ya da pastırmalı yumurta yapılabilir. (İleriki bölümlerde saf tereyağı, pastırma ve az pişirilmiş yumurtanın diğer birçok faydasını açıklayacağız.)

- Bir avuç içiniz kadar az tuzlu peynir.

Bunun yanında herhangi bir ekmek, poğaça, simit vb yenmeyecek!

- Peynirle birlikte ekmek yerine, bir ince belli çay bardağı ceviz içi veya fındık, az tuzlu fıstık, badem, yerfıstığı vb yenebilir.
- Az tuzlu 8-10 adet zeytin.

Üzerine zeytinyağı, limon, kekik ve pul kırmızıbiber eklenebilir.

- Domates, biber, salatalık, turp, maydanoz, nane, roka vb arzu edildiği kadar yenebilir.

Doğal ve mevsiminde olmak şartı ile!

- Limonlu çay veya süt içilebilir.

Şekersiz ve tatlandırıcısız olarak!

Kahvaltı, 24 saatlik bir gün içinde en önemli olan öğündür. Kuvvetli, bol protein ve sağlıklı yağ (tereyağı) içeren bir kahvaltının, metabolizmayı 12 saat süre ile %30 kadar artırdığı gösterilmiştir. Bu şekilde bir kahvaltının hızlandırdığı metabolizma sonucu, harcanan kalori miktarı 4-5 kilometrelik bir koşuda harcanan kalori-enerji miktarına eş değerdir.[35] Bu nedenle iki adet az pişirilmiş (kayısı kıvamında) yumurta, bir avuç içi kadar (bir kibrit kutusu kadar değil) beyaz peynir veya çökelek sabah yenecek en önemli besin kaynaklarıdır. Bu şekilde yapılan kuvvetli bir kahvaltının, Şekil-2'de yer alan üçgen içinde görülen hastalıkları önlediği bildirilmiştir.

Yumurtalar özellikle kayısı kıvamında olmalı ya da tereyağında düşük ısıda katılaştırılmadan hafifçe pişirilmelidir. Çünkü yumurta uzun süre haşlandığı zaman, sarısının etrafında gri-yeşil bir renk oluşmakta ve ağzımıza aldığımızda dağılıp un ufak olmaktadır. Bu durumdaki yumurtalar artık yumurta değildir ve hepimizin de bildiği gibi tadı tamamen değişmiştir. Aşırı pişirilme ve haşlanma sonucu, doğallığını kaybetmiş olan yumurta sarısı içinde bol miktarda trans yağ meydana gelmiştir. İşte, asıl sağlığa zararlı olan doğal yumurtanın kendisi değil de, kötü pişirilme sonucu ortaya çıkan trans yağlardır. Bu nedenle, yumurta pişirilirken yüksek ısıda yandığı ya da kızartıldığı zaman da, aynı şekilde doğallığını kaybettiğinden ve bol miktarda trans yağ meydana geldiğinden sağlığa zararlı ve tehlikeli bir hale gelir.

Önemli not

Sabah kahvaltısından sonra açlık hissetmeden 4-5 saat geçiremiyor ya da 1-2 saat içinde acıkıp bir şeyler atıştırmadan duramıyorsanız, biliniz ki sabah kahvaltıda yedikleriniz sizin sağlığınıza zarar vermektedir! Özellikle ekmek, simit ve poğaçalar; bal, reçel ve tatlılar; hazır ya da taze sıkılmış meyve suları; çaya konulan şeker ve tatlandırıcılar bu zararlı yiyecekler arasında sayılabilir.

ÖĞLE YEMEĞİ: 13.00-14.00 ARASI

Aşağıda verdiğimiz yiyeceklerden herhangi bir seçenek öğle yemeği olarak tercih edilebilir:

- Etli ya da zeytinyağlı sebze yemeği
- 3-5 kalem pirzola, biftek, bonfile, kuzu kapama vb

Etin yanında -yüksek glisemik indeksli karbonhidrat içerdikleri için pilav ve patates (Gİ=100) yenilmeyecek!

- Balık

Izgara, fırınlanmış ya da buğulama olarak tüketilebilir.

- Döner, kebap ya da diğer kebap türleri

Bol salata ve yoğurtla yenebilir.
Yanında pide, pilav, patates ve ekmek yenmeyecek!

---

[35] Richards BJ., Richards MG. Mastering Leptin., pg.142.Wellnes Resources Books publisher 2nd ed., USA 2005.

- Her türlü mercimek yemeği

Sarı, kırmızı veya yeşil mercimek olabilir.

- Semizotu

Etli ya da yoğurtlu sarımsaklı ve cevizli salata yapılabilir.

- Enginar, kereviz, lahana, karnabahar veya pırasa yemeği

Doğal ve mevsimine göre seçilebilir.

- Karnıyarık, imambayıldı, patlıcan kebabı, yaprak sarmaları, her türlü kabak ve biber dolma.
- Pastırmalı ya da kıymalı kuru fasulye, bakla veya nohut yemeği

Bol soğan ve salata ile yenebilir.

Bunların yanında pirinç pilavı yenmemeli! Pirincin Gİ=100-130

- Evde pişirilmiş olan her türlü çorba; domates, tarhana, paça, işkembe vb

Hazır çorba tozları, işlenmiş oldukları için kullanılmamalıdır!

Yemeklerin yanında ek olarak şunlardan biri tercih edilebilir:

- Et ve balık yemekleri ile birlikte bol mevsim salatası, soğan ve yoğurt yenebilir.
- Yemeklerle birlikte cacık; sızma zeytinyağı, bol sarımsak ve nane eklenerek içilebilir.
- Turşu, evde geleneksel usulle (bol sirkeli ve az tuzlu) hazırlanarak rahatlıkla tüketilebilir.

Yukarıda verilen yiyeceklerin yerine meyve tüketmek isteyenler şu alternatifleri tercih edebilir:

- Bir adet mevsim meyvesi
- Bir kâse yoğurt ve bir avuç ceviz ile birlikte; 5-6 adet mürdüm eriği veya bir avuç siyah çekirdekli üzüm ya da 5-6 adet kuru kayısı gibi yiyecekler de tüketilebilir.

Önemli not

Öğle yemeğinden sonra da, eğer açlık hissetmeden rahat bir şekilde 4-5 saat geçiremiyorsanız ya da 1-2 saat içinde acıkıp bir şeyler atıştırmadan duramıyorsanız, biliniz ki öğle yemeğinde yedikleriniz sizin sağlığınıza zarar vermektedir!

AKŞAM YEMEĞİ: 18.00-19.00 ARASI

Akşam yemeğinde de istek ve beğeniye göre, öğle yemeğine benzer olan yiyecekler arasından çeşitli seçenekli yemekler hazırlanabilir.

Önemli not

Besinlerimizin türü ve glisemik indeksleri önemli olduğu kadar, yemeklerimizin zamanlaması da sağlığımız ve kilo vermemiz açısından önemlidir.[36,37,38]

Kilo vermek ve sağlığımızı kazanmak açısından özellikle akşam 19.00-20.00 saatlerinden sonra yatıncaya dek hiçbir şey yenmemesi ve şekerli içecek içilmemesi şarttır. Gün boyu olduğu gibi erken bir akşam yemeğinden sonra da su, ayran, şekersiz ve tatlandırıcısız olmak şartıyla limonlu çay, yeşil çay, tarçın ve karanfil çayları içilebilir.

Neden akşam 19.00-20.00 saatlerinden sonra bir şeyler yememeliyiz?

Eğer kilo vermek ve aşırı yağlarımızdan kurtulmak istiyorsak; akşam yemeğimizi en geç saat 19.00 ya da 20.00'de bitirmiş olmamız gerekir.[39,40] Akşam televizyon seyrederken geç saatlere kadar bir şeyler yediğimiz zaman kilo veremediğimiz gibi, verdiğimiz kiloları da geri alırız. Sağlığımız açısından oldukça önemli olan bu konuyu hepimizin çok iyi anlaması gerekiyor.

Bu nedenle konuyu ayrıntılı bir şekilde açıklamak istiyorum:

Akşam saat sekizden sonra bir ara öğün yediğimizde ya da yemeklerimizin geç saatlere kadar devam etmesi sonucunda, doğal bir süreç olan leptin hormonunun salgılanmasını farkında olmadan engellemekteyiz! Leptin hormonu salgılanmadığı zaman kilo vermemizin mümkün olmadığını daha önce anlatmıştık. Gece geç saatlerde en ufak bir şey dahi yersek, leptin hormonu salgılanmaz. Bu noktada bir gün boyunca kendi üzerimde yaptığım kan şekeri ölçümünden iki örnek vermek istiyorum.

Tablo-1'de bir sabah kahvaltısında 2 adet (kayısı kıvamında pişmiş) yumurta, bir avuç içi kadar (klasik) beyaz peynir, 5-6 adet tuzsuz zeytin ve 1 adet orta boy salatalık yedikten sonra, kan şekerimi gün boyu her yarım saatte bir parmaktan ölçerek inceledim. Elde ettiğim sonuçları sizlerle paylaşmadan önce hiçbir ilaç kullanmadığımı ve şeker hastası olmadığımı da bilmenizi isterim.

---

[36] Halford JC., et al., The pharmacology of human appetite expression. Curr Drug Targets.2004 Apr;5(3):221-40.

[37] Mattson MP., et al., Meal size and frequency affect neuronal plasticity and vulnerability to disease: celluler and molecular mechanism. J Neurochem.2003 Feb;84(3):417-31.

[38] Van Aggel-Leijssen DP., et al., Regulation of average 24h human plasma leptin levels; the influence of exercise and phisiological changes in energy balance. Int J Obes Relat Metab Disord. 1999 Feb; 23(2): 151-8.

[39] Schoeller DA., et al., Entrainment of diurnal rhythm of plasna leptin to meal timing. J Clin Invest. 1997 Oct 1;100(7):1882-7.

[40] Radic R., et al., Circadian rhythm of blood leptin level in obese and non-obese people. Coll Antrop.2003 Dec;27(2):555-61.

	Saat	Kan Şekeri mgr/dl
AÇLIK	08.00	117
KAHVALTI	09.00 09.30	122
	10.00	121
	10.30	105
İKİ BARDAK LİMONLU SU	11.00	105
	11.30	116
	12.30	111
	13.00	113
	15.30	94
2 PARÇA PİRZOLA, YOĞURT, YABAN MERSİNİ	16.30	136
	17.00	112
	17.30	116
	18.00	111
5 ADET KURU KAYISI	18.30	97
	19.30	122
	20.00	109
	20.30	113
2 PARÇA PİRZOLA, 5-6 ERİK	21.00	103
	21.30	95
	22.00	119

Tablo-1
Canan Efendigil Karatay şeker ölçümü çizelgesi- 1. gün

Tablo-1'deki listede kuvvetli bir kahvaltıdan sonra gün boyu kan şekerimde büyük dalgalanmalar olmadığını görüyoruz. Özellikle sabah kahvaltıdan sonra kan şekerim 117 mgr/dl'den en fazla 122 mgr/dl'ye kadar yükseldiğine, daha sonra ise düşmeye devam ettiğine dikkatinizi çekmek isterim. Gün boyu acıkma hissim olmadığını, güçlü kuvvetli bir şekilde çalışabildiğimi, bu süre içinde 2-2,5 litre kadar taze limonlu su içtiğimi ve evde hafif ev işleri yaptığımı da belirtirim. Tablo-2'de ise gece geç saatlere kadar yemek yiyerek yaptığım kan şekeri ölçün sonuçları yer alıyor. Kendi kan şekerimin nasıl etkileneceğini görmek amacı ile 15.30'da 3-4 kuru pasta yiyip, akşam 19.30'dan itibaren geç saatlere kadar hafif bir şeyler atıştırıp, ertesi gün öğlene kadar kan şekerimi ölçerek merakımı gidermek istedim.

	Saat	Kan Şekeri mgr/dl
	19.30	127
4-5 YEŞİL ERİK	20.30	141
LAHANA SALATASI	21.30	135
	23.30	95
SABAH	07.30	123
3 ADET YUMURTA KAHVALTI SABAH	08.30	137
	09.30	115
BİR BARDAK FINDIK, 2-3 KAYISI	12.00	114
	14.00	135

Tablo-2
Canan Efendigil Karatay şeker ölçümü çizelgesi- 2. gün

Tablo2'de gördüğümüz gibi, sık sık ve gece geç saatlerde ara öğünlerde yediğim sağlıklı yiyecekler bile kan şekerimin ertesi sabah yüksek kalmasına neden olmaktadır. Yüksek kan şekeri gün boyunca da devam etmektedir. Daha önce de birkaç kez dile getirmiş olduğumuz gibi, ağzımıza aldığımız herhangi bir lokma ile bile kan şekerimiz ve insülinimiz hemen yükselir ve de yüksek kalır.

Örnek olarak, saat 22.00 civarlarında yediğimiz ya da içtiğimiz şekerli bir içecek sonucu kan insülinimiz yükselecek ve 1-2 ya da 2,5 saat süre yüksek kalacaktır. Bu sürenin sonunda da glukagon hormonu devreye girecek ve 1-2 saat de onun etkisi devam edecektir. Leptin hormonu da yemeklerden 4-5 saat sonra devreye girerek, depolanmış olan yağları kan şekerine dönüştürüp gerekli enerji ve yakıtı dolaşıma sağlayacaktır. Leptin hormonu sabah saat 02.00-05.00 arasında en yüksek düzeyde salgılanmaktadır.

Bu süre içinde leptin hormonunun salgılanmasına imkân sağlandığında, uykumuzda da yağlarımızın yıkılması için zaman ve zemin hazırlanmış olacağından, istemediğimiz fazla kilolarımızı verme imkânımız olacaktır.[41]

[41] Fogteloo AJ., et al., Impact of meal timing and frequency on the twenty-four-hour leptin rhythm. Horm Res.2004;62(2):71-78.

Bu durumda doğru bilinen büyük bir yanlış ortaya çıkıyor ve Karatay Diyeti ile ara öğün bir efsane oluyor diyebilir miyiz?

Kilo verebilmemiz ve verdiğimiz kiloda hayat boyu kalabilmemiz için, düşük glisemik indeksli yiyeceklerin tüketilmeleri yeterli değildir. Bu şekilde beslenmemizle birlikte, fizik aktivitenin artırılması ve yemeklerimizin zamanlamasının da önemi büyüktür. Yıllarca kabul edilenin aksine, gündüz 4-5 saat içinde ara öğünler yemenin doğru olmadığı gibi, gece yatmaya yakın bir ara öğün yenilmesi de son derece zararlıdır! Bu nedenle geç saatlerde yemek yiyenler, fizyolojik olarak gece salgılanan kritik hormon leptinin fonksiyonlarını engellemiş oldukları için sürekli kilo almaya devam ederler ve verdikleri kiloları da geri alırlar. Özetle, eğer akşam yemeğimizi erken saatlerde yersek uyurken rahatlıkla kilo verebiliriz. Eğer geç saatlerde yersek kilo almaya devam ederiz. Bazı hastalarımın *"Ben ancak uykuda kilo verebildim"* ifadelerinin temelinde, bu bölümde açıklamış olduğum doğal fizyolojik olaylar yatmaktadır.[42]

İnsülin ve leptin direncini başlatıp, kilo alımına ve devamında hiperinsülinemik hastalıklara neden olan en önemli faktörleri özetleyebilir miyiz?

- En başta hareketsizlik ve tembellik.[43]
- Yiyeceklerin tipi, yüksek glisemik indeksli besinler.
- Yemeklerin sağlıksız pişirilme ve tüketilmeleri.
- Kalorisi fazla korkusuyla sağlıklı olan yağların yenmemesi!
- Gündüz ve gece öğünlerinin zamanlama ve saatlerinin dikkate alınmaması.
- Sık sık ve ara öğün yenmesi.
- Yemek porsiyonlarının aşırı miktarda olması!

Karatay Diyeti'nin asıl amacı insülin ve leptin direncini kırmak... Peki, bu diyeti uygulayanların hayatında ne gibi değişiklikler olacak?

- Acıkma hissi olmayacak, gün boyu tokluk hissi devam edecek.
- Gıdalar bozulmamış ve doğal olarak tüketilecek ve bu şekilde insülin ve leptin direnci kırılacak.
- Ayrıca sağlıklı yağ ve proteinler rahatla yenilebilecektir.

---

[42] Heptulla R., et al., Temporal patterns of circulatory leptin levels in lean and obese adolescents: relationships to insulin, growth hormone, and free fatty acds thythmicity. J Clin Endocrinol Metab. 2001 Jan;86(1):90-6.

[43] Tsofliou F., et al., Moderate physical activity permits acute coupling between serum leptin and appetite-satiety mesures in obese women. Int J Obes Relat Metab Disord. 2003 Nov;27(11):1332-9.

Özet olarak önerilerimizi aşağıda şu şekilde sıralayabiliriz:

- Sabahları kuvvetli ve proteinli kahvaltı yapılması şart.[44, 45]
- Öğünler arasında en az 4-5 saat geçmesine dikkat edilmelidir.[46]
- Günde 3 öğünden fazla yemek yenilmemeli, ara öğünler kalkmalıdır.[47]
- Öğünler arasında bol limonlu su, limonlu şekersiz çay ve ayran içilebilir.
- Her gün 2-3 litre sıvı almaya dikkat edilmeli.
- Akşam saat 20.00'den sonra hiçbir şey yenilmeyecek.[48, 49]
- Her gün veya akşam en az 40-60 dakika yol yürümeli ya da en az 40-60 dakika sevilen bir fizik aktivite yapılmalı.
- Yemekler düşük ısıda, uzun sürede pişirilmeli.
- Yemeklerde soğuk sıkım sızma zeytinyağı veya saf tereyağı kullanılmalı.
- Sıcak yemekler ve kızartmalarda kesinlikle mısırözü veya ayçiçeği yağı kullanılmamalı!
- Yemeklere, pişirildikten sonra damak tadına göre nane, maydanoz, kekik, siyah ve acı kırmızıbiber, sumak vb eklenebilir.
- Salatalarda da soğuk sıkım sızma zeytinyağı veya keten tohumu yağı, bol sirke (geleneksel usul doğal fermantasyon) ve limon, ayrıca arzuya göre sarımsak kullanılabilir.
- Salatalara zeytin, peynir, yoğurt, susam veya keten tohumu eklenebilir.
- Bol sirkeli (geleneksel usul doğal fermantasyon), az tuzlu (kristal kaya tuzu) ev turşusu yapılarak tüketilebilir.
- Kabız olmamaya dikkat edilmeli. Doğal yiyeceklerle her gün iki kez yumuşak bir şekilde büyük abdeste çıkılmalı.

Yüksek glisemik indeksli yiyecek ve içecekleri ne yapacağız?

Eğer kilo vermek ve hayat boyu verdiğimiz kiloda kalmak istiyorsak; önce mutfak dolapları ve buzdolabını yüksek glisemik indeksli yiyeceklerden arın-

---

[44] Guyton A., Specific dynamic action of protein. Textbook of Medical Phisiology. WB Saunders Company 1991:793-4.

[45] Rober A., et al., Meals with similar energy densities but rich in protein, fat, carbohydrate or alchohol have different effects on enrgy expenditure and substrate metabolism but not on appetite and energy intake. J Clin Nutr. 2003 Jan;77(1):91-100.

[46] Fagteloo AJ., et al., Impact of meal timing and frequency on twenty-four-houe leptin rhythm. Horm Res.2004;62(2);71-8.

[47] Elimam A., et al.,Meal timing, fasting and glucocortoids interplay in serum leptin concentrations and diurnal profile. Eur J Endocrinol. 2002 August;147(2):181-8.

[48] Schoeller DA., et al,. Entrainment of diurnal rhythm of plasma leptin to meal timing. J Clin Invest.1997 Oct 1;100(7):1882-7.

[49] Radic R., et al., Circadian rhythm of blood leptin level in obese and non-obese people. Coll Antropod.2003 Dec;27(2):555-61.

dırmamız gerekir. Daha sonra da bu yiyecek ve içecekleri satın almamak, evimize, mutfağımıza, buzdolabımıza ve vücudumuza sokmamak şarttır!

Evimize ve mutfağımıza hiçbir zaman girmeyecek yüksek glisemik indeksli (Gİ=100) yiyecekler ve içecekler hangileridir?

Kilo vermek ve karaciğer yağlanmasını önlemek amacı ile glisemik indeksi 100 olan yiyecek ve içecekler, eve ve mutfağa sokulmayacağı gibi dışarıda da tüketilmemelidir!

Sağlıklı bir vücuda girmemesi gereken yiyeceklerin başında 'en tatlı zehir' olarak kabul edilen, şekerler gelmektedir. Her türlü şeker, bal ve pekmezin glisemik indeksi çok yüksek olup, 100'dür.

Şeker maalesef ülkemizde hem tatlılarla, hem de içeceklerle aşırı miktarda tüketilmektedir. Rafine edilmiş şekerde (toz ve kesme şeker) ve meyve sularında bulunan (kendimiz taze olarak sıkmış olsak bile) şeker (fruktoz), çok hızlı bir şekilde dolaşıma geçerek, beraberinde kan şekeri ve insülinimizi hızlı bir şekilde yükseltir. Kanda aşırı hızla yükselen insülin hormonu da, dolaşımda uzun süre yüksek kalarak insülin ve leptin direncini başlatır. Başlamış olan insülin ve leptin direncini de giderek artırır. ABD'li bilim adamları bütün dünyada şişmanlık ve obezitenin yaygın bir hale gelmesinin sebebinin, 'fruktoz' içeren yiyecek, içecek, şurup ve pekmezlerin aşırı miktarda tüketilmeleri olduğunu bildirmiştir.

Ülkemizde çok sevilen, en ucuz olan ve en fazla tüketilen içecek çaydır. Gün boyu 8-10 bardak çay içen bir kişinin, her çay bardağına iki kesme şeker attığını düşünelim. Bu kişinin kan şeker ve insülini bütün gün yükselip inecektir ya da hep yüksek kalacaktır. Tabii gün içinde üç öğün yemeğini, ara öğünleri de tüketeceğini düşünecek olursak, o kişinin kan şeker ve insülin değerleri daima yüksek olacaktır.

Şeker (diyabet) hastası olmayan normal kişilerde dahi, kan şekerinin (kısa bir süre yüksek kalmasının bile) serbest oksijen radikallerinin yapımını artırdığından dolayı, insülin ve leptin direncini artırarak vücutta tahribat yaptığı gösterilmiştir.

Eroin kadar bağımlılık yapan, 'en tatlı zehir' denilen şeker ve yüksek glisemik indeksli yiyeceklerin her türlüsü kanımıza geçer geçmez kan şekerini büyük bir hızla yükselterek, serbest oksijen radikallerini aşırı miktarda artırır. Serbest oksijen radikalleri ise birçok sağlık sorununu başlatan nedenlerin başında gelen en zararlı maddelerdir. Bu nedenle 12 saatten fazla açlıktan sonra ölçülen açlık kan şekerinin 90 mgr/dl'nin üstünde bulunması, hasta olmayan sağlıklı kişilerde bile bütün damarlarda ve organizmanın tüm hücrelerinde bozukluklar başlatır. En tatlı zehirlerin tüketilmesi ile dejeneratif hastalıklar, bizler farkında olmadan yavaş yavaş gelişir!

En tatlı zehir dediğimiz şeker ve şekerle yapılan tatlıların sebep olduğu dejeneratif hastalıkları sayabilir miyiz?

Elbette... Şeker ve şekerli tatlı tüketiminin insan vücudunda sebep olduğu tahribatlar ve hastalıklar şunlardır:

- Canlı organizmalardaki birçok sistemin fizyolojik çalışmasında bozulmaya neden olur.
- Vücudun mineral dengesini bozar.
- Krom eksikliğine neden olur.
- Bakır eksikliğine neden olur.
- Kalsiyum ve magnezyum emilimini bozar.
- Kanda E vitamininin miktarını azaltır.
- Kanda büyüme hormonu düzeyini azaltır.
- Protein emilimini engeller.
- Protein yapısına zarar verir.
- Proteinlerin vücuttaki rolünde kalıcı değişikliklere yol açar.
- Dokuların esnekliğini ve işlevini bozar.
- Enzimlerin fonksiyonlarını bozar.
- DNA yapısında zarara yol açar.
- Alkol gibi zehirleyicidir.
- Bağımlılık yapıcı bir maddedir.
- Alkolizme de neden olabilir.
- Vücut bağışıklık sistemini yıkar ve zayıflatır.
- Vücutta serbest oksijen radikallerin artmasına ve oksidatif strese neden olur. Serbest oksijen radikalleri, bütün dejeneratif hastalıkların, kanser ve yaşlanmanın temel nedenidir.
- Viral ve bakteriyel her türlü enfeksiyon hastalığına karşı korunmayı zayıflatır.
- Yaraların ve hastalıkların iyileşmesini geciktirir.
- Beyinde delta, alfa ve tetra dalgalarını bozar.
- Depresyona neden olur.
- Baş ağrısı ve migrene neden olur.
- Dikkatsizliğe neden olur.
- Şeker ve tatlı alımı azaltıldığında duygusal kararlılık artar.

- Görmeyi bozar ve körlük yapar.
- Miyop hastalığına (uzağı görememe) neden olur.
- Gözlerde katarakta neden olur.
- Tükürük asiditesini artırarak diş çürümelerine neden olur.
- Diş ve diş eti hastalıklarına neden olur.
- Besin alerjisine neden olur.
- Derimizdeki kollajen yapısını bozar ve ciltte kırışıklıklara neden olur.
- Erken yaşlanmaya sebep olur.
- Gebelikte kan zehirlenmesine neden olur.
- Yeni doğanda dehidratasyona yani bedenin fazla miktarda sıvı kaybetmesine neden olur.
- Çocuklarda hiperaktivite, anksiyete, konsantrasyon bozukluğu ve zayıflığına neden olur.
- Çocuklarda adrenalin seviyesinin ani artışlarına sebep olur.
- Çocuklarda egzamaya neden olur.
- Çocuklarda uyuşukluğa ve aktivite azalmasına neden olur.
- Okul çağındaki çocuklarda başarısızlık nedenidir.
- Çocuk felci riskini arttırır.
- Kadınlarda premenstürel sendromu (adet dönemi öncesi yaşanan sıkıntılar) daha kötü hale getirir.
- Erkeklerde estrodiol (doğal oluşan östrojenin en kuvvetli formu) seviyesini arttırır.
- Vücutta hormonal dengesizliğe neden olur. Bazı hormonlar az çalışırken, bazı hormonlar aşırı çalışır.
- İnsülin ve leptin direncini başlatır ve giderek artırır.
- Şeker ve tatlı tüketiminin ardından kan şekeri, kompleks karbonhidrat olan nişastadan, 2 - 5 kat daha fazla yağa dönüşür.
- Vücutta su tutulmasını arttırır.
- Yüksek yoğunluklu lipoprotein olan HDL'yi düşürür ve dejeneratif hastalıkların başlangıcı olan kan trigliseritlerini yükseltir.
- Kilo alma, şişmanlık ve obeziteye neden olur.
- Sindirilememiş kompleks karbonhidratlar nedeni ile oral glukoz tolerans testinde glukoz seviyesinin yüksek çıkmasına neden olur.
- Açlık şekerini yükseltir.
- Hipoglisemiye (kan şekeri düşmesi) neden olur.
- Diyabete (şeker hastalığına) neden olur.
- Obez hastalarda yüksek kan basıncına neden olur.
- Kalp, damar ve felç hastalıklarına neden olur.

- Sistolik kan basıncını arttırır.
- Kanın pıhtılaşmasını artırır ve damarların tıkanmasına neden olur.
- Aterosikleroz denilen damar sertliğine neden olur.
- Astıma neden olur.
- Akciğerlerde amfizeme neden olur.
- Karaciğer büyümesi ve yağlanmasının nedenidir.
- Safra taşına neden olur.
- Böbreği büyütür ve patolojik değişikliklerine neden olur.
- Böbrek taşlarına sebep olur.
- Böbrek üstü bezlerin fonksiyonlarını yavaşlatır.
- İdrar elektrolit dengesini bozar.
- Sindirim siteminin asiditesini artırır.
- Hazımsızlığa neden olur.
- Gastrik ve duodenal ülseri bulunan hastalarda tekrarlama sıklığında neden olur.
- Fosfataz adlı enzimi bağlar ve yok eder. Böylece sindirim işlemi zorlaşır.
- Besinlerin gastrointestinal sistemde ilerlemesini yavaşlatır, bağırsak hareketlerinin 1 numaralı düşmanıdır. Kabızlık yapar.
- Kronik bağırsak hastalıklarından 'crohn hastalığı' ve 'ülseratif kolit' riskini artırır.
- Bağırsaklarda pamukçuk hastalığının nedeni olan 'candida albicans'ın (mantar) kontrol edilemeyen üremesine neden olur.
- Dışkıdaki safranın ve kalın bağırsakta bulunan bakteriyel enzimlerin konsantrasyonunu artırır.
- Apandisit gibi tehlikeli bağırsak iltihaplanmasına neden olur.
- Hemoroit dediğimiz, basur hastalığına neden olur.
- Bacaklardaki varislere neden olur.
- Eklem ve tendonları hassaslaştırır.
- Kronik artrit hastalıklarına (eklem hastalıkları) neden olur.
- Gut hastalığına yakalanma riskini arttırır.
- Kemik erimesini (osteoporoz) başlatır.
- Mültipl skleroz hastalığına neden olur. Epileptik nöbetlere neden olur
- Alzheimer hastalığına neden olur.
- Parkinson hastalığı olan kişilerde şeker tüketiminin fazla olduğu görülmüştür.
- Her türlü kanser hücresini besler. Safra yolu kanserine yol açabilir.
- Mide kanseri riskini arttırır.
- Pankreasın yağlanmasına ve kanserine neden olur.

- Meme, yumurtalık, prostat ve kalın bağırsak kanserine neden olur.
- Şeker, şekerli tatlılar, meyve şekeri (sükroz), şurup ve pekmezlerin tüketilmesi akciğer kanseri için de ciddi risk faktörü oluşturur.

Yıllardır ana besin maddelerimizden biri olan şekerin bu kadar kötü, öldürmeyip süründüren hastalıklara sebep olduğu nasıl anlaşıldı?

Bir insanda ortalama 4-5 litre kadar kan vardır. Normal kişilerin kanında 12 saat açlıktan sonra 1 tatlı kaşığı kadar şeker bulunur. Buna karşın 180 mililitrelik bir kutu şekerli içecekte tam 6 tatlı kaşığı kadar şeker vardır. Bu miktar kanımızda bulunan şekerden çok daha fazladır ve hızlı bir şekilde kan insülinini yükseltir. Bir kutu kola içtiğimiz zaman vücudumuzda ne gibi değişiklikler meydana geldiği bilimsel olarak incelenmiş ve şu sonuçlar elde edilmiştir:

- İlk 10 dakikada, kana hemen 10 çay kaşığı kadar şeker girer. Bu normal günlük dozun 100 katı kadardır. Bulantı olmamasının nedeni, içinde bulunan 'fosforik asittir'.
- İlk 20 dakikada, kan şekeri aşırı şekilde yükselir. Bunun sonucu pankreastan aşırı derecede insülin salgılanır ve kan şekerinin fazlası karaciğerde yağ olarak depolanmaya başlar.
- 40 dakika içinde kafeinin tamamı dolaşıma girmiş olur. Kan basıncı yükselir, karaciğerden daha fazla şeker yapılarak kana geçer ve kan şekeri tekrar yükselir.
- 45 dakika içinde beyinde dopamin yapımı artar, mutluluk hissi başlar (eroinin etkisine benzer bir etki meydana gelir).
- 60 dakika içinde ani açlık hissi oluşur.
- Kolaya ve tatlılara saldırılır.
- Bu kısır döngü devam ettiği süre karaciğer ve göbek yağlanması artar, vücudun tüm hücrelerinde leptin ve insülin direnci gelişir.
- Şişmanlık başlamıştır ve bütün dejeneratif hastalıkların nedenidir.

Hazır satılan veya taze sıkılmış meyve suları da birçok diyet listesi ve beslenme programlarında, sağlıklı olduklarından bol miktarda ve ciddi bir şekilde önerilmekte. Ancak hiçbir diyet listesi veya beslenme programında meyve sularının aşırı miktarda şeker (fruktoz) içerdiğinden ve kan triglesidlerini yükselttiğinden nedense hiç bahsedilmemekte. Oysa meyve şekeri olan fruktozun, organizma ve sağlığa bütün diğer şeker türlerinden daha zararlı olduğu bilimsel olarak gösterilmiştir.

Bir bardak taze sıkılmış meyve suyu da sıvı olduğu ve içerdiği lifler tamamen ufalanıp parçalandığı için, hızla kana geçerek kan şekeri ve insülinini çok ani olarak fazla miktarda yükseltir. Bunun sonucu kan şekerinde birden düşüş olur ve kısa sürede reaktif hipoglisemi atağı gelişir. Hemen bir tatlı ya da şekere hücum ederiz! İşte bu şekilde bir bardak meyve suyu insülin direncini sinsi bir şekilde başlatmış olur. İnsülin direnci zaten gelişmiş olan kilolu ve şişman kişilerde ise insülin direncinin artmasına neden olmaktadır. Obezlerde şekerin hızlı emilimi, sık sık acıkma nedenidir ve aşırı miktarda besin alınımını tetikler. Gençlere yönelik rehabilitasyon kamplarında az şekerli ve düşük karbonhidrat içerikli diyet uygulandığında, anti-sosyal davranışlarda yüzde 44 oranında düşüş görüldüğü bildirilmiştir. Bilimsel araştırmalar, kişi başına düşen şeker tüketiminin yüzyıllar boyunca giderek arttığını göstermiştir. 1700'lü yıllarda kişi başına yılda10 kg'dan az şeker tüketilmekteyken, 1800'lü yıllarda bu oran kişi başına yılda 30 kg'dan fazla olarak belirlenmiştir. 1900'lü yıllarda -yani geçtiğimiz yirminci yüzyılda- ise kişi başına yılda 60 kg'dan fazla miktarda şeker tüketildiği bildirilmiştir.[50] İngiltere'de yapılan bilimsel bir çalışmada, 12 saatlik açlık kan şekeri 100-125 mgr/dl olan kişilerin, 300 kat daha fazla kalp krizi geçirme riski olduğu bildirilmiştir.[51] Cleveland Kliniği yayınlarında da, 12 saatlik açlık kan şekerinin >90mgr/dl'den yüksek olan kişilerde kalp ve damar hastalıkları çok yüksek oranda görüldüğü bildirilmiştir. (NEJM Mayıs 2001) Neticede şeker tüketiminin son yüzyıllarda giderek artmış olduğunu ve buna paralel olarak da ilkel toplumlarda rastlanmayan, fakat endüstri toplumlarında artarak ortaya çıkan dejeneratif hastalıkların ya da hiperünsilemik hastalıkların artmış olduğunu görmekteyiz.

Sağlıklı kan şeker değerleri nasıl olmalıdır?

12 saatlik açlık kan şekeri değeri 100 mgr/dl altında ve herhangi bir yemekten 2 saat sonra ise bu değer 140 mgr/dl altında olmalıdır.

Bu bilgilerin ışığı altında kilo vermek ve daha sonra geri almamak, sağlıklı kalmak ve kan şekerimizi bu değerlerin sınırları içinde tutabilmek için, glisemik indeksi yüksek karbonhidrat içeren yiyecekler hiç eve alınmamalı, mutfağımıza, dolabımıza ve ağzımıza girmemelidir!

Mutfağımıza hiç alınmayacak yiyecek ve içecekler neler?

Kilo vermek istiyorsak mutfağımıza, dolabımıza ve ağzımıza girmemesi gereken yiyecek ve içeceklerin bazıları şunlar:

- Her türlü ekmek; beyazı, kepeklisi, çavdarlısı vb

---

[50] James Scala., Prescription for longetivity: Eating right for a long life. Plume, New-York, N.Y.,U.S.A.,1994.
[51] Bartnik et al. Glucose metabolism abnormal in most CAD patients: Eur Heart J 2004;21:1180-1190.

- Simit, kuru ve yaş pastalar.
- Her türlü tost!
- Ambalajında 'diyet' yazan veya yazmayan grisini, galeta ve her cins bisküvi...
- Pirinç pilavı.
- Makarna, börek, poğaça, açma vb
- Şeker, çikolata ve her tür tatlı...
- Şekerli ve şekersiz reçeller, şuruplar, bal ve pekmezler.
- Bütün suni (yapay) tatlandırıcılar.

Suni (yapay) tatlandırıcıların kilo aldırarak, şeker hastalığına neden olduğu bilimsel olarak gösterilmiştir.

- Ambalajında 'diyet' yazan bütün yiyecek ve içecekler.
- Hazır (fabrikasyon) veya taze sıkılmış her türlü meyve suları.
- Bütün gazlı içecekler (kola, gazoz vb), enerji içecekleri.
- Patates, mısır.
- Her türlü kızartma.
- Bütün hazır çorbalar.
- Sucuk, salam, sosis gibi işlem görmüş et ürünleri.
- İslenmiş, tütsülenmiş balık ve etler.
- Süt tozu, krema ve her türlü hazır soslar.
- Marketlerde satılan tavuklar.

Serbest dolaşan özgür tavuklar (köy tavuğu) yenebilir...

- Yemekler çok yüksek ısıda pişirilmeyecek, ayrıca terbiye yapılarak hazırlanmayacak!
- Karpuz ve kavun gibi doğal da olsa fazla miktarda şeker içeren, glisemik indeksi yüksek meyvelerden uzak durulacak.

Saydığınız bu yiyecek ve içeceklerin çoğuna neredeyse bağımlı olmuş durumdayız. Peki, yıllardır süregelen tüketim alışkanlıklarımızdan kolayca kurtulmanın basit bir formülü var mı?

Neyi yemeyeceğimizi değil de, neleri yiyeceğimizi düşünür, planlar ve alışverişimizi ona göre yaparsak pratik uygulamamız oldukça kolaylaşır...

Yiyeceklerimizi seçerken, hazırlarken veya öğünlerimizi planlarken; düşük glisemik indekslerine ve hazırlanış biçimlerine göre tercihimizi yaparsak, yediklerimizin miktarında kalorilerine göre kısıtlama olmaz. Kalori hesabı yaparak aklımızı meşgul etmeyiz. Gün boyu açlık hissi ile yaşamayız.

Hocam, düşük glisemik indeksli yiyecekleri sıralarken meyveler kısmında greyfurt, portakal ve üzüm gibi meyveleri örnek verdik. Aynı zamanda tarım ilacı uygulanmadan organik veya tamamen doğal olarak yetiştirilmiş greyfurt, portakal, üzüm, elma veya nar gibi meyvelerin suyunu vitamin deposu olarak da biliyorduk...

Ancak 'mutfağımıza girmemesi gerekenler' listesinde taze sıkılmış meyve suyu ve bazı meyveler de var! Buradaki ayrımı nasıl yapacağız?

İlk önce şunu belirtmek istiyorum ki, meyve suları içerdikleri A ve C vitaminlerinin kuvvetli birer antioksidan olmaları nedeni ile tabii ki sağlıklıdır. Ancak aynı zamanda bütün meyveler 'şeker'dir. Her meyve yediğimizde vücudumuza şeker girmekte, kan şekerimiz ve insülinimiz yükseltmektedir. Bu da doğal olarak insülin direncinin başlamasına sebep olmaktadır. Aşırı miktarda meyve tüketmekle de karaciğer yorulmakta ve yağlanmaya başlamaktadır.

Bol meyve yiyerek ya da büyük bir bardak (en az 2-3 meyve sıkılarak elde edilmiş) meyve suyu içerek hiçbir zaman insülin direncini kıramayız. Kalori azaltarak verdiğimiz kiloları işte bu sebepten kısa sürede fazlasıyla geri alırız. Daha da önemlisi önceki bölümlerde açıklamış olduğum gibi, meyveler sıkılarak meyve suyu haline dönüştüğü anda lifleri paramparça olmakta ve posalı özelliklerini yitirmekteler. Bu nedenle hazmedilmeleri son derece hızlı olmakta, kan şekerimizi ve insülinimizi hızla yükseltmektedirler.

Meyve şekeri olan 'fruktoz', bugün bütün şekerlerin en tehlikelisi olarak kabul edilmektedir. Dünya Sağlık Örgütü'ne göre yaygın obezitenin nedenlerinden biri faydalı diye aşırı miktarlarda tüketilen meyve sularıdır.

Bu durumda doğru olan meyveleri posalı olarak tüketmek mi? Kimler, hangi zaman diliminde, ne kadar meyve yiyebilir?

Evet, meyveler posası ile tüketilmelidir. Ancak, günde bir veya en fazla iki tane ve de orta boy olarak... Akşamları televizyon seyrederken, zararsız sanıp bir tabak meyve tüketmek, yatmadan önce uyguladığımız en tehlikeli alışkanlıklardan biridir. Ne kadar faydalı olursa olsun, bir meyvenin da şeker olduğunu ve o anda şeker yediğimizi unutmayalım. Bir elma yedikten sonra midemizin ezilmesi işte bu nedenledir.

Meyve suları, posaları yok edilmiş olduklarından dolayı mideden ve ince bağırsağın başlangıç bölümünden hızla emilerek kana geçer, kan şekeri ve insülinin hızla ve fazla miktarda yükselmesine neden olur. Bu nedenle kısa süre içinde acıkma hissi gelişir. Sağlıklı bilinerek, büyük bir bardak taze sıkılmış meyve suyu içmekte olan kilolu ve şişman kişilerin *"Sıkı diyet yaptığım halde, kilo veremiyorum"* diye yakınmalarının nedeni de budur. Diyet yapıyorlar, aynı zamanda bol bol meyve yiyorlar ve sağlıklı meyve suyu içiyorlar. Karaciğerlerine aşırı miktarda şeker yükleyerek, yorduklarının ve de karaciğerlerinin yağlanmasını giderek artırdıklarının farkında bile değiller!

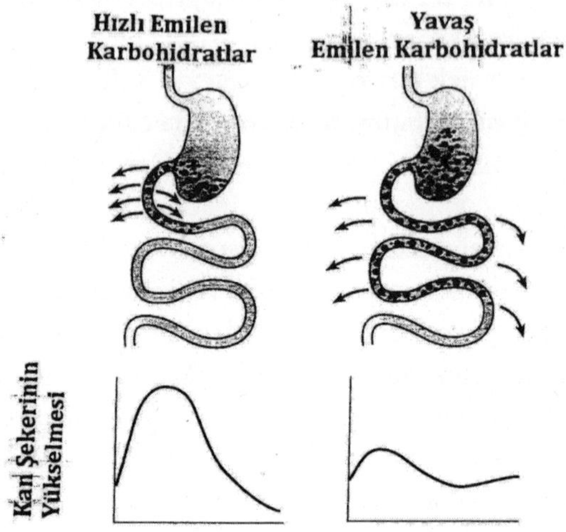

Şekil-3
İncebağırsak ve karbonhidrat diagramı

Bu arada toplum olarak fazla miktarda kullandığımız limon konusuna da açıklık getirelim. Salatalarımıza sıktığımız limon da bir meyve! Onun glisemik indeksi nedir? Karatay Diyeti'ni uygularken (salatada, çorbada veya şekersiz limonata olarak) günlük limon tüketiminde dikkat edilmesi gereken bir oran var mı?

Limon faydalı ve glisemik indeksi düşük bir meyvedir. Salatada, çorbada, çayda veya suya sıkılarak kullanılabilir. Limon ve sirke gibi asitli yiyecekler, besinlerin hazmedilmesini yavaşlatır. Bu nedenle, yiyeceklerimiz midemizde ve incebağırsağımızda uzun süre kalabiliyor. Ancak limon taze sıkılmış, sirke de geleneksel usulde fermente edilerek üretilmiş olmalı.

Yiyeceklerin ince bağırsaklar ve midede uzun süre kalarak yavaş hazmedilmelerinin iki faydası vardır:

- Yavaş hazmedilen yiyecekler kan şekerini ve insülini yavaş yavaş yükseltirler. Bu nedenle, daha önce de birkaç kez vurguladığımız gibi çabuk acıkma hissi olmaz. Tokluk hissi uzun süre devam edeceğinden leptin hormonu devreye girer ve yağların yakıt olarak kullanılmasına olanak doğar. Bu insülin direnicinin kırılma noktasıdır! Bundan sonra da ara öğün olarak depo yağlarımızın kullanılması başlar.

- Mide ve incebağırsaklarda besinlerin uzun süre kalması sonucu, mide ve bağırsaklardan salgılanan bazı hormonlar beynimize kıtlık içinde olmadığımızı, yeterli besinimizin bulunduğu mesajını iletir. Böylece tokluk hissi devam eder ve sık sık yeme ihtiyacımız oluşmaz.

Peki, meyveleri nasıl ve hangi miktarda yiyeceğiz?

Kilo vermek istiyorsak, insülin direnci kırılana dek günde bir adet meyve (düşük glisemik indeksli) bütün olarak yenilebilir.

Örneğin, orta boy bir armut, portakal, nar veya elma olabilir. Yaz aylarında, çilek (şeker ekilmeden), kiraz, böğürtlen veya ahududu günde 100-200 gr kadar yenebilir. Ayrıca en sağlık meyve zeytindir. Evet, zeytin yeryüzünde bulunan en sağlıklı meyvelerden biridir. Glisemik indeksi sıfırdır. Her sabah kahvaltıda 9-10 adet zeytin rahat rahat yenmelidir. Domates, salatalık ve biberler de (sebze grubunda olmalarına rağmen) o bitkilerin meyveleridir. Ceviz, fındık, fıstık, badem de kendi ağaçlarının meyveleridir ve bunların da glisemik indeksleri sıfırdır. Bu saydıklarımızı meyve olarak bilip tüketirsek, 24 saat içinde ne kadar çok ve sağlıklı meyve yediğimiz ortaya çıkacaktır. Ancak, glisemik indeksi çok yüksek olduğu için kavun, karpuz, dut ve taze incir (Gİ = 80-100) maalesef yenilmemelidir. Haziran ve temmuz aylarında, hastalarımızın kan yağlarındaki 'trigliserid' oranı bu nedenle yükselmektedir! Meyve sularında, karpuz ve kavunda bulunan meyve şekeri 'sükroz' hemen kan yağı trigliseride dönüşür ve yağ olarak depolara gönderilir. Karaciğer ve göbek yağlanmaya başlar, bacak kaslarında ve karaciğerde trigliseridler yağ olarak depo edilir. Bunun en önemli belirtisi, otuz yaşından sonra hafif hafif bel çevresinin büyümeye başlamasıdır. Bel çevresinin büyümesi, kalp ve damar hastalıkları ve bütün dejeneratif hastalıkların başlamış olmasının belirtisidir ki, bu da insülin direncinin en ciddi belirtisi olarak kabul edilir. Bel çevresi ölçümlerinin, kilo ölçümlerinden daha önemli olduğu bilimsel çalışmalarla gösterilmiştir.[52, 53]

Özellikle 30 yaşından sonra geceleri yatmadan önce birkaç meyve yer de

---

[52] Eric J Jacobs., et al., A measure of abdominal obesity is associated with higher mortality, independent of MBI. Aug 2:23;Arch Int Med. 2010.

[53] Giovanni T., et al. Risk of Cardiovascular Disease in Patients with Nonalcoholic Fatty Liver Disease. N Engl J Med. 2010: Sept 30; 1341-1350.

yatarsak, kilo vermemize ve yağlarımızın erimesine fırsat tanımıyoruz demektir. Halkımızın fizik aktivitesi çok azdır. Toplum olarak sağlıksız, hareketsiz bir yaşam biçimi içindeyiz! Sürekli ne yiyeceğimizi ve içeceğimizi düşünüp duruyoruz. Hiçbir zaman bugün ne yapayım da 40-50 dakika yol yürüyeyim diye düşünmüyoruz. Maalesef günlük yaşantımızı bu şekilde düzenlemek aklımıza bile gelmiyor. Eğer her gün 5 kilometre yol yürürsek, inanın her istediğimizi (tabii sağlıklı olan gıdaları) istediğimiz kadar yiyebiliriz...

Meyveler, meyve suları, rafine şeker ve bu şekerle yapılan reçel veya tatlılar için buraya kadar anlattıklarınız gayet iyi anlaşılıyor. Ama tamamen doğal olan bal neden zararlı? Onu da hiç yemeyecek miyiz? Bu konuyu biraz açıklayabilir misiniz?

Bu sorunun iki cevabı vardır:

1. Günümüzde gelinen şartlar itibari ile artık hakiki doğal bal kaldığına inanmak kesinlikle mümkün değildir.
2. Doğal bal da, saf ve suda erimiş şekerden farklı bir besin değildir. Doğallığının tek faydası içinde bulunan C vitaminidir.[54]

100gr doğal balın içeriği şöyledir:

→ Total şeker miktarı: 80 gr kadardır.
→ Fructose (fruktoz): 38,2 gr
→ Glucose (glikoz): 31,3 gr
→ Sucrose (sükroz): 0,7 gr
→ Diğer şekerler: 8,6 gr
→ Su: 17 gr
→ Protein, aminoasit: 0,3 gr
→ Mineral: 0,2 gr
→ Diğer asitler (asetik asit, sitrik asit vb): 0,5 gr

Bal, günümüz şartlarında arıcıların ve dolayısı ile arıların ürettiği bir şekerdir. Şeker ise önceki bölümlerde belirttiğimiz gibi en tatlı zehirdir ve insülin direncini başlatan bir besindir. Çocuk ve gençlerde bile şişmanlığın ve yağlanmanın nedeni olabilir. Bebeklerde ve çocuklarda diğer şekerler gibi diş çürüğüne sebep olabilir. Şeker ve tatlılar bağımlılık yapan besinlerdir. Bal yarı sıvı olduğu için içerdiği şekerler, özellikle 'fructoz' hızlı şekilde emilerek kana geçer! Trigliseridleri anında yükseltir. Bu nedenlerle bal da, diğer şekerli tatlı-

[54] Bogdanov, S., et al.,Honey for Nutrition and Health: A Review. J Am Coll Nutr. 2008. 27:677-689.

lar ve meyve suları gibi boş enerji kaynağıdır. Özellikle göbeği yağlı, beli kalın olan kişilerin mümkün olduğu kadar hiç tüketmemesinde fayda vardır.

Çocuklar, gençler, kalp ve şeker hastaları ve hamilelerin her zaman düşük hatta sıfır glisemik indeksli olan kuruyemiş ve kuru meyveleri tüketmeleri gerekmektedir. Onlara bal ya da şeker yememeyi önermekten ziyade, kuruyemiş ve kuru meyveleri tüketmelerini sağlamalıyız.

Bal deyince hemen pekmez de akla geliyor! Günümüzde beslenme uzmanlarının çoğu özelikle gelişme çağındaki çocuklar için pekmezi öneriyor. Osmanlı'dan günümüze geleneksel bir yiyecek olan, geleneksel usulle üretilmiş pekmeze izin var mı? Onu tüketebilir miyiz?

Pekmezler meyve özleri veya suları kaynatılarak elde edilen en lezzetli besinlerdir. Özellikle pestil ve cevizli sucukların tadına doyum olmaz... Kuruyemişler gibi bu tür pestil ve sucuklar enerji kaynağı olarak tüketilebilir. Ancak kaynatılmış oldukları için meyve suyu özellikleri kaybolmuştur. Bir nevi işlenmiş yiyecekler gibidirler ve boş kalori ile yüklüdürler. İşlenmiş yiyeceklerde fazla miktarda trans yağın oluştuğunu önceki bölümlerde belirtmiştik.

Bu nedenle pekmezden elde edilen pestil ve sucukları bol ceviz ve fındık ile tüketmek daha sağlıklıdır. Çünkü pestil ve sucuklara ceviz, fındık, fıstık vb katık konulduğunda, glisemik indeksleri düşmekte, sağlıklı besin ve enerji kaynağı haline gelmektedir. Düşük glisemik indeksli bu besinleri, çocuk ve gençlerimiz, sporcular, hamile bayanlar ve hastalarımız rahatlıkla tüketebilirler.

Evde oturan, yol yürümeyen ve göbek yağı bol olan kişiler de, çay ya da kahvelerinin yanında pasta, bisküvi, her türlü ekmek, pilav, makarna, baklava, börek, simit veya poğaça yerine bu tür besinleri tüketmelidirler.

Eğer sorun kaynatmaya dayalı ise nar, elma, ayva ve turunç meyvelerin suyundan, geleneksel usulle bakır kazanlarda kaynatılarak şeker konulmadan yapılan ve diyetisyenlerin listelerine dâhil ettiği ekşilerde mi zararlı?

Meyve sularının şekerinin (fruktoz) çok fazla olduğunu daha önce belirtmiştik. Fruktoz, ısıtıldığı veya kaynatıldığı zaman kısaca en tehlikeli trans yağa dönüşmektedir. Ekşi denilen meyvelerin de fruktoz miktarı yüksektir. Ekşi olmalarının nedeni, asit içeriklerinin biraz daha fazla olmasından dolayıdır.

Fruktoz içeriği olan her yiyecek ve içecek (meyve suları, şuruplar, ekşi ve tatlı pekmezler vb) insülin direncinin gelişmesine ve ilerlemesine neden olmaktadır.[55] Kan insülin düzeyi 5mg/l'nin üstüne çıkmaya başladığı andan itibaren hücresel düzeyde 'dismetabolik' bozukluklar başlamaktadır. Dismetabolik bozukluklar (diyabet, hiperlipidermi vb) sinsi bir şekilde gelişerek ileri yaşlarda dejeneratif bütün hastalıklara neden olmaktadır.[56] Bu hastalıklar daha önce Şekil-2'de bir üçgen içinde verdiğimiz hastalıkların tümüdür. Bir kez daha vurgulamakta fayda olduğunu sanıyorum, bu hastalıkların tümü önlenebilir hastalıklardır!

"BÜTÜN HASTALIKLAR MUTFAKTA BAŞLAR"
Dr. P.D. White
(Kardiyolog)

[55] Seneff S., et.al. Is the metabolic syndrome caused by a high fructose and relatively low fat, low cholesterol diet? Arch Med Sci 2011;7,!:8-20.
[56] Seneff S., et.al. Nutrition and Alzheimer's disease: The detrimental role of a high carbohydrate diet. Eu J of Int Med 2011; 22:134-140.

İkinci Bölüm

NEDEN SPOR YAPMADAN SAĞLIKLI YAŞANMAZ?

Yediklerimize dikkat edip sağlıklı besleniyorken, günlük işlerden dolayı zaten hareket halindeyken neden fizik aktivite olmadan sağlıklı yaşanmaz?

Önceki bölümde de değindiğimiz gibi, düşük kan şekeri hedefine ulaşmak için her gün en az 50-60 dakika yürüyüş yapılmasının şart olduğunu bir kez daha hatırlatırken; fizik aktivite azlığı yani tembellik, hareketsizlik ve uyuşukluğun insülin ve leptin direncinin başlamasında en önemli ve ilk faktör olduğunu da vurgulamak gerekiyor. Bunların yanında düzenli fizik aktivite yaparken beynimizde mutluluk hormonu denilen 'endorfin' ve -egzersiz sırasında- böbrek üstü bezinden de 'adrenalin' salgılanmaya başlar. Bu iki hormon da egzersiz sonunda vücutta doğal olarak rahatlama, gevşeme ve uyku haline neden olur. Yani egzersiz sonunda doğal bir şekilde stres giderilmiş olur.

Bu nedenle, Karatay Diyeti'ni uygularken öncelikli ve önemli unsurlardan biri de; fizik aktivitenin giderek artırılmasıdır. Fizik aktivitelerimizi, hayat boyu sürecek biçimde arkadaşlarımız ve sevdiklerimizle birlikte yapmayı planlamalıyız. Toplu halde yürüyüşler, yüzme ve dans partileri düzenlemek stres atmamız ve sağlıklı kalmamız için son derece faydalıdır. Fizik aktivitelerimiz, ancak düzenli ve devamlı bir şekilde 'yaşam biçimimiz' olursa faydalı olmaktadır. Aşırı kilolar verildikten sonra fizik aktiviteye devam edilmezse, yüksek glisemik indeksli yiyeceklere saldırılır ve verilen kilolar büyük bir hızla geri alınır[57].

Fizik aktivite ne kadar süre ve hangi düzeyde olmalıdır?

Rutin bir şekilde muntazam ve sürekli olarak yapılan egzersiz insülin ve leptin direncini kırar ve gelişmesini önler.

Egzersiz ile organizmada gelişen yararlı değişiklikler şunlardır:

- Egzersizin ilk 15-20 dakikasında enerji olarak, bacak adalelerinde glikojen olarak depolanmış olan 'şeker' yakıt olarak kullanır.
- Egzersizin süresi 20 dakikadan daha fazla olursa, enerji olarak kanda bulunan şeker ve serbest yağlar kullanılır. Dolaşımda bulunan birikmiş yağ ve şekerler bu şekilde azalır. Böbrek üstü bezinden adrenalin hormonu salgılanır. Bu sırada adrenalin hormonu depo yağlarımızı yıkarak gerekli enerjiyi sağlar.
- Uzun süren egzersiz sırasında yorgunluk hissetmemizin nedeni, salgılanan adrenalin hormonudur. Tokluk hissetmemizin nedeni de adrenalin hormonunun bir süre daha depo yağlarını yıkmaya devam etmesine bağlıdır.

---

[57] Richards BJ., Richards MG. Mastering Leptin., pg.151.Wellnes Resources Books publisher 2nd ed., USA 2005.

- Eğer egzersiz 40 dakikadan fazla sürecek olursa, karaciğer ve vücudumuzda depo edilmiş olan birikmiş yağlarımız yıkılarak kan şekerine dönüşür ve gerekli enerji sağlanır.

Burada dikkat edeceğimiz nokta, herhangi bir egzersiz programına başlarken aktivite süresini birden bire değil de yavaş yavaş artırmaktır. Örnek olarak, yürüyüşümüze bir hafta içinde en az 3-4 kez muntazam bir şekilde 15-20 dakika ile başlayıp, her hafta kendi enerji düzeyimize ve yorgunluk hissetmediğimiz süreye göre 5-10 dakika artırabiliriz. Karaciğer ve böbreküstü bezimiz kendini toparladıkça ve göbek yağlarımız yumuşamaya başladıkça (bu insülin ve leptin direncinin kırılmaya başladığını gösteren önemli bir belirtidir) daha rahat ve uzun yürüyüşler yapabildiğimizi göreceğiz. Uykularımız da düzene girecek ve deliksiz bir uyku ile rahat bir gece geçireceğiz.

Burada bir parantez açarak, aşırı kilolu kişilerin egzersiz ve yürüyüşleri sırasında ortaya çıkacak bazı problemlere de değinmek istiyorum. Her adım attığımızda yerden yansıyan şok dalgaları ayak, bacak, diz, kalça ve bellerde titreşim meydana getirir. Aşırı kilolu kişiler, yürüyüşleri sırasında her adım atışlarında ya da merdiven iniş çıkışlarında kilolarına oranla çok şiddetli şok dalgalarına maruz kalırlar. Bunun sonucunda da, fizik aktiviteye başlandıktan 1-2 hafta sonra özellikle dizlerde ve kalçalarda aşınmalar, şiddetli ağrılar meydana gelir. Ağrılar dayanılmaz hale gelince de, fizik aktivite bırakılır.

Bu nedenle, yürüyüş ya da başka bir fizik aktiviteye başlamadan önce, şokların vücuda yayılmasını önleyen, iyi kaliteli spor bir yürüyüş ayakkabısı edinilmelidir. Yürüyüş yolunun da bilinçli olarak seçilmesi önemlidir. Toprak, çim ya da yumuşak 'tartan' denilen, az düzeyde şok dalgaları üreten sağlıklı yüzeylerin seçilmesi ileride ortaya çıkacak eklem sorunlarını önler. Tabanında bal peteklerine benzeyen hava yastıkçıkları ile kaplı ya da yağ dolu kesecikler içeren yürüyüş ayakkabıları en sağlıklı olanlarıdır. Bu tip spor ayakkabılarının fiyatları oldukça yüksektir. Ancak sağlığımız adına yapılacak bir yatırım için, lüks spor kulüplerine üye olma yerine (oldukça pahalı da olsa) iyi kaliteli bir çift yürüyüş ayakkabısı yeterlidir. Daha fazla bir masrafa da gerek yoktur.

Örneğin, eve yürüyüş bandı ya da egzersiz bisikleti almakla iyi bir yatırım yaptığımızı zannederiz. Ancak bu egzersiz aletleri kısa bir süre sonra evin bir köşesinde toz toplamaya terk edilmiş olarak yer işgal ederler. Yapılan araştırmalar, bu aletlerle yapılan fizik aktivite ve egzersizlerin bir süre sonra monotonlaştığını ve kişilerin birkaç hafta içinde egzersizlerinden bıkarak vazgeçtiklerini göstermiştir.

Aşırı kilolu kişilerin uzun süre fizik aktivite yapmamaları nedeni ile bacak adalelerinin yerini yağlar aldığı için; bacak adalelerinde erime ve zayıflık meydana gelir. Bu nedenle, ileri yaşlarda birden bire yürüyüşe ya da bir spora başlama sonucu, sık sık ayak bileklerinde burkulma ve incinmeler oluşur. Bu sorun da düzenli fizik aktivite yapmanın önünde önemli bir engel teşkil eder. Ayrıca, uzun süre yüksek topuklu ayakkabı giyenlerin bacak adalelerinde de geri dönüşü olmayan erimeler meydana gelmektedir. Bu kişiler aniden spora başladıkları zaman, bilek adalelerinde sıklıkla incinme, yırtılma ve bağ yırtılmaları ile karşılaşmaktadır.

Bu noktalara dikkat edilecek olunursa, bilinçli ve sorunsuz bir şekilde yürüyüş ve fizik aktivitemizi azar azar artırarak adalelerimizi kuvvetlendirebilir ve sağlıklı kilomuza kavuşabiliriz.

"UZUN YOL YÜRÜYEN UZUN YAŞAR"
Hipokrat

Üçüncü Bölüm

BÜTÜN YAĞLAR ZARARLI MI?

Yağlar, yıllardır 'tehlikeli madde' olarak tanıtıldığı için onları hep öyle gördük! Peki, bütün yağlar zararlı mı?

Doğal olan bütün yağlar, sağlıklıdır... Zararlı değildir! Vücudumuzda biriken yağların sağlıklı olarak yıkılması da, ancak sağlıklı yağlar yiyerek mümkün olmaktadır. İnsana zararlı olan, doğallıkları bozulmuş yağlardır.

Son yıllarda, hücrelerin bilimsel olarak ayrıntılı biçimde incelenebilmesi sonucu; hastalıkların nedeni, tanısı ve tedavilerin gidişatı hücresel düzeyde ele alınabilmektedir. Geliştirilen yeni teknolojik imkânlarla, 'nano teknoloji' 'moleküler tıp' ve 'hücresel tıp' araştırmaları sonucu, bütün yağlar da hücresel düzeyde incelenmiş olup, önemli ve çarpıcı bilgiler elde edilmiştir.

Doğa sağlıklı yağlarla doludur

Sağlıklı yağlar, tereyağı, hayvansal katı yağlar, balık yağı yani Omega-3;[58,59,60] bozulmamış (ısıl işlem görmemiş) olan mısırözü ve ayçiçeği yağları yani Omega-6; zeytin ve fındık yağları yani Omega-9 yağlarıdır. Yaşayan bir organizmada tüm hücreleri çevreleyen hücre zarları vardır. Hücre zarları, hücrelerin nefes alması, beslenmesi, korunması ve normal çalışmasını sağlar. Bütün hücre zarlarını, temel yapı taşları olan Omega-3, Omega-6 yağları ve kolesterol oluşturur. Bu tür yağlar doğal olarak her gün düzenli bir şekilde tüketilirse, hücrelerin nefes almaları, beslenme ve çalışmaları normalleşecek, sonuç olarak insülin ve leptin direnci kırılacaktır. Sağlıklı olan bu yağların insülin ve leptin direncini kırarak, şişmanlık ve obeziteyi ve dolayısı ile bütün dejeneratif hastalıkları önlediği çeşitli bilimsel çalışmalarda gösterilmiştir. Bütün doğal yağları suçluluk hissetmeden huzurla tüketmek için, çeşitli yağ cinslerini ayrıntılı olarak gözden geçirmemiz gerekir. Bildiğimiz gibi yemeklerimizde kullandığımız yağlar, hayvansal katı yağlar (doymuş) ve bitkisel sıvı yağlar (doymamış) olarak iki gruba ayrılmaktadır:

Doymuş yağlar

Hayvansal kaynaklı olan katı yağlar ve tereyağıdır (bütrik asit). Bu yağlar, doğallıkları bozulmadan tüketildikleri takdirde zararlı değil, bilakis sağlıklı bir vücut için olmazsa olmaz ana besin maddeleridir. Bağışıklık sistemimizi kuvvetlendiren temel yapı taşlarıdır.

---

[58] Simonopolus A P and Robinson J., The Omega Diet. Harper Collins Publishers, New York, NY 1999.
[59] Budwig Johanna. Flax Oil as a True Aid Against Arthritis, Heart Infarction, Cancer and Other Diseases. Applepublishing Vancouver Canada, 1994.
[60] Gordon G. The Omega-3 Miracle. Freedom Press, Ca 2004.

Doymamış olan yağlar

Bitkisel kaynaklı olan sıvı yağlardır. Bitkisel kaynaklı sıvı yağlar da üç alt gruba ayrılırlar:

1. Tekli doymamış yağ grubunda, Omega-9 grubundaki gibi (zeytinyağı ve fındık yağı) faydalı sıvı yağlar bulunur.
2. Çoklu doymamış yağ grubunda, Omega-3 (balık yağı) ve Omega-6 (doğal mısırözü, ayçiçeği yağları) gibi bitkisel sıvı yağlar vardır.
3. Çoklu doymamış trans yağlar da, doğallıkları bozulmuş bitkisel kaynaklı sıvı yağlardır. Trans yağlar, fabrikasyon işlem ve yanlış kullanma sonucu doğallıklarını kaybetmişlerdir. (Bozulmuş olan mısırözü, ayçiçeği yağları).

Omega-6 grubundaki yağlara soya, kanola ve pamuk yağları gibi bitkisel yağlar dâhil mi? Piyasada satılan bu yağlardan biraz bahsedebilir miyiz?

İşlemden geçmiş olan bütün bitkisel yağlar doğallığını kaybetmiş, sağlığa zararlı Omega-6 içermektedir. Bütün margarinler ve her türlü hazır yiyecekler de işlenmiş olduklarından dolayı bozulmuş, yani trans yağa dönüşmüş Omega-6 içerirler. Omega-6 ve Omega-3 tamamen iki ayrı gruba aittir. Fakat her ikisi de aynı ve tek bir enzimi kullanarak işlev görmektedirler. Bu bağlamda Omega-6 son derece saldırgandır. Gerekli enzimi kullanarak Omega-3'ün hücre zarına yerleşmesine fırsat vermemekte ve engellemektedir. Dejeneratif hastalıklarda, hücre zarlarındaki Omega-6 miktarının, Omega-3'e oranla fazla olmasının nedeni de budur. Sağlıklı olduğu için kullanılması önerilen bitkisel kanola yağında %10 Omega-3 ve %22 oranında Omega-6 bulunmaktadır. Kanola yağı, Kanada'da yetişen 'grapeseed' denilen tohumdan elde edilmektedir. Hazır yiyeceklerin hazırlanması sırasında ya da kızartmalarda kullanıldığında, trans yağlara dönüşmektedir ve sağlıklı değildir.[61]

Soya ve pamuk yağları da Omega-6 içeren yağlardır. Bütün işlem görmüş ve rafine edimiş bitkisel yağlar gibi doğallıkları tamamen bozulmuş ve trans yağlarla yüklenmişlerdir.

Trans-yağların sağlığımıza son derece zararlı olduklarını bir kez daha şu şekilde vurgulayabiliriz:

- Normal hormon yapımını (özellikle seks hormonları, stres hormonları yapımını) önlerler
- Bağışıklık sistemini zayıflatırlar

[61] Brown R A., Omega Six The Devil's Fat. Les Creux Limited. St. Lawrence Jersey, 2008.

- İnsülin direncini artırırlar
- Yeni doku yapımını engellerler
- Kilo almayı hızlandırırlar. Öyle ki, günlük kalori alımları eşit olan iki kişiden trans yağ daha fazla tüketen kişinin, kilo olarak ağırlığı daha fazla gelmektedir.[62]

Son bilimsel buluşların ışığı altında bütün yağları suçlamak yerine, doğal olmayan zararlı yağlar (trans yağlar) ve doğal olan faydalı yağlar olarak iki gruba ayırmalıyız.

Doğal olmayan zararlı yağları, yani trans yağları açıklar mısınız?

Sağlığımıza en çok zarar veren, ileri yaşlarda ortaya çıkan hastalıkların risklerini başlatan yağlar, trans yağlardır.[63, 64]

Son yıllarda yapılan birçok bilimsel araştırma, şişmanlatarak insülin ve leptin direncini başlatan ve geliştiren, ileri yaşlarda ortaya çıkan hastalıklara neden olan yağların, çeşitli işlemler sırasında bozulmuş ve doğallıklarını tamamen kaybetmiş olan bitkisel trans yağlar olduğunu ortaya çıkarmıştır.

Harvard Tıp Fakültesi Halk Sağlığı Ana Bilim Dalı'nda, 1999 yılında yayınlanan kapsamlı bir çalışma sonucunda trans yağların, hayvansal katı yağlardan daha zararlı olduğu bildirilmiştir. Bunu izleyen 2000 yılında da Amerikan Kalp Derneği, trans yağların, hayvansal yağlardan yani en çok korktuğumuz ve korkudan ağzımıza almamaya çalıştığımız özellikle tereyağı gibi katı hayvansal yağlardan daha zararlı olduğunu bildirerek, hazır yiyeceklerde bulunan bu yağların sağlığımız için tehlikelerine dikkatleri çekmiştir. Bu nedenlerle, 2006 yılında New York ve Paris Belediye Meclisi hazır yiyecek paketlerinin ambalajlarında trans yağ miktarlarının belirtilmesini zorunlu kılmıştır.

Trans yağlar neden ve nasıl oluşuyor, ne şekilde tüketiliyor?

Trans yağlar, bitkisel sıvı yağlardan oluşurlar. Ülkemizde en çok kullanılan mısırözü ve ayçiçeği yağları, çoklu doymamış olan Omega-6 yağını içerirler. Omega-6 yağları, aşırı kırılgan ve hassastırlar. Çok çabuk bozularak doğallıklarını kaybederler. Omega-6 içeren bitkisel sıvı yağlar da çok çabuk bozulduk-

---

[62] Enig Mary., Fallon Sally. Eat Fat Lose Fat. The Healthy Alternative to Trans Fats. Penguin Books Ltd. London WC2R ORL., England 2006.

[63] Erasmus U., Fats that Heal Fats that Kill. Alive Books TN Canada, 1993.

[64] Brown R A., Omega Six The Devil's Fat. Les Creux Limited. St. Lawrence Jersey, 2008.

ları için raf ömürleri çok kısadır. Fabrikalarda farklı işlemlerle doymuş ya da yarı doymuş hale getirilip, margarin ya da riviera tipi rafine edilmiş sıvı yağlara dönüştürüldükleri sırada, doğal durumları olan çoklu doymamış özellikleri ile birlikte içerdikleri doğal vitamin ve sağlıklı mineralleri tamamen kaybederler. Artık virjin, yani el değmemiş değillerdir. Doğal vitamin ve minerallerinden, sağlıklı olan fakat çabuk bozulan çoklu doymamış Omega-6 yağlarından yoksun bırakılmışlardır.[65, 66]

Peki bu doğal olmayan sıvı yağların özellikleri nedir?

Doğal olmayan, dayanıklı kılınmış sıvı yağlar kısa süre içinde bozulmazlar. Acı tat almadan, uzun süre evlerde veya market raflarında saklanabilirler. Bu nedenle fazla miktarlarda üretilip, toptan olarak satın alınıp, sorun çıkarmadan saklanmaları mümkündür. Bu tip sıvı bitkisel yağlarla hazırlanan hazır yiyeceklere, ayrıca damak tadı ve kullanımını artırmak amacı ile gizli meyve şekeri (fruktoz), kimyasal güzel kokular, çeşitli yiyecek boyaları ve doğal olmayan katkı maddeleri de eklenmektedir.

Trans yağların kimyasal formülü, plastiğin kimyasal formülüne çok yakındır. Mısırözü ya da ayçiçeği yağları açıkta uzun süre bırakıldıkları zaman, bu yağların bozulmadığına, fakat yağ şişelerinin dibinde kalın plastik bir tabaka oluştuğuna hepimiz şahit olmuşuzdur. Bol miktarda trans yağ içeren margarinler de, uzun süre açıkta kaldıkları zaman kolay kolay bozulmazlar ve hiçbir şekilde üzerlerine sinek konmaz ve börtü böcek gelmez. Modern hayatımızda, fabrikalarda üretilen ve aşırı miktarda (bilerek ya da bilmeyerek) tükettiğimiz trans yağları kullanmaya, hiçbir canlı organizma programlanmamıştır. Bu nedenle sağlığımıza asıl zarar veren, kilo aldırıp her türlü hastalığı başlatan yağlar, fabrikalarda birçok işlem sonucu üretilen, doğal olmayan ve plastiğe benzeyen trans yağlar ve bu yağların aşırı miktarda tüketilmeleridir. Bu sebeple son 100 yıl içinde kronik ve dejeneratif hastalıklar artmıştır ve de artmaya devam etmektedir. ABD'nin en ünlü kalp uzmanı Dr. Dudley White, *"1921 yılında kardiyolog olarak çalışmaya başladım ve 1928 yılına kadar bir tek miyokard infarktüs vakası görmedim"* demiştir. Miyokard infarktüsü görülmeyen o yıllarda bütün halk, yağ olarak doğal tereyağı, hayvansal iç yağları ve zeytinyağı ile besleniyordu. Bitkisel sıvı yağlar henüz keşfedilmemiş, mutfak ve küçük bakkal raflarında ucuz ve sağlıklı oldukları gerekçesi ile tereyağı ve zeytinyağının yerlerini almamışlardı. Geçen asrın başı olan 1900'lü yıllarda kanser vaka-

---

[65] Enig Mary., Doctoral Dissertation. University of Maryland, 1984.
[66] Enig Mary., J American Oil Chemistry Society ;1983.

larının da hiç görülmediği bilimsel yayınlarda bildirilmektedir.

Özetle trans yağların oluşum şekillerini şöyle sıralayabiliriz:

- Mısırözü ve ayçiçeği yağı gibi bitkisel sıvı yağların fabrikalarda tam ya da yarı katılaştırılmaları, yani margarin haline dönüştürülmeleri sırasında sağlıklı olmayan trans yağlar oluşmaktadır.
- Bitkisel yağların rafine edilmeleri sırasında da trans yağlar oluşmaktadır.
- Bitkisel yağların açıkta bırakılmaları, ışık, hava ve oksijen ile uzun süre temas etmeleri sonucu acımaları ile de trans yağlar oluşur.
- Yemeklerin yüksek ısıda pişirilmeleri ve kızartmalar sırasında, yağların ve yemeklerin yanması sonucu aşırı miktarda trans yağlar oluşmaktadır.
- Bütün yiyecek ve içeceklerin işlenmeleri sırasında da trans yağlar oluşur.

Yaygın şekilde tükettiğimiz trans yağlar vücudumuza nasıl zarar verir?

Trans yağlar vücudumuza iki şekilde zarar verir:

1. Öncelikle bir organizmaya girdikleri zaman, her türlü hücresel ve kimyasal (histobiyokimyasal) bozuklukları başlatan serbest oksijen radikallerinin artmasına neden olurlar.
2. Hücre zarlarında sağlıklı ve gerekli olan, Omega-3 ve Omega-6 yağlarının yerini işgal ederler. Bu nedenle de doğal olarak aldığımız Omega-3 ve Omega-6 yağlarının hücre zarlarına girmelerini engellerler. Hücre zarları ve hücrelerin normal işlevleri bu şekilde engellenmiş olur.

Serbest oksijen radikalleri nedir?

Serbest oksijen radikalleri, yapılarında eksiklik bulunan son derece hareketli moleküllerdir. Yapılarındaki eksikliği gidermek amacı ile çevrelerinde bulunan normal sağlıklı hücrelerden sürekli bir şekilde molekül çalarak onları zayıf, kırılgan, korumasız ve hastalıklara yatkın hale getirirler. Ayrıca, hücrelerin genetik kodları olan DNA'larını da bozarlar.

Trans yağların dışında, serbest oksijen radikallerinin aşırı miktarda oluşmasına neden olan başka yiyecekler ve etkenler var mıdır?

Trans yağların yanı sıra işlenmiş birçok yiyecek, içecek ve yabancı madde de organizmada serbest oksijen radikallerinin aşırı miktarda artmasına neden olur. Serbest oksijen radikallerini artıran bu yiyecek ve etkin maddeleri şu şekilde sıralayabiliriz:

- Her türlü şeker (bayram şekeri, çikolata, tatlandırıcılar vb).
- Bal, pekmez, reçel, tatlı çeşitleri, özellikle meyve şekeri olan 'fruktoz', çay şekeri, yapay tatlandırıcılar. *(Şekerin sağlığa karşı yaptığı zararları önceki bölümlerde, ayrıntılı bir şekilde anlatmıştık.)*
- Bütün meyve suları, şekerli içecekler ve enerji içecekleri.
- Un, tuz ve tüm işlem görmüş yiyecekler; her türlü ekmek, tost ve sandviç ekmeği, galetalar ve bisküviler.
- İşlem görmüş bütün krema ve soslar, şarküteriden alınan işlenmiş ve tütsülenmiş et ve balık türleri.
- Sigara, sigara dumanı ve bütün tütün mamulleri.
- Hava kirliliği; bütün dumanlar, kömür tozu, ekzos, sis vb.
- Cıva, kurşun, alüminyum, kadmiyum, nikel gibi toksik metaller.
- Organizmaya herhangi bir yolla giren boya ve kimyasal maddeler.
- Elektromanyetik alanlar; radyasyon, röntgen ışınları, maruz kaldığımız yüksek frekanslar, mikro dalgalar vb.

Trans yağların ikinci bir zararı daha var demiştik. Şimdi de bu zararlarını öğrenebilir miyiz?

Trans yağlar ile Omega-3 yağlarının kimyasal formülü de birbirine son derece yakındır. Kimyasal yapıları birbirlerine bu denli yakın olan bu yağlar, hücre zarlarına yerleşmeleri sırasında aynı enzimi kullanırlar ve bu enzim için adeta birbirleri ile yarışırlar.

Doğal doymamış yağ asidi
Cis-formu

Bozuk doymamış yağ asidi
Trans-formu

Şekil-4:
Doğal olan yağlar ile doğallığı bozulmuş yağların hücre zarlarına yerleşme şekli

Doğal olan doymamış yağlarda karbon atomu çift bağla birbirine bağlanır ve hidrojen atomları karbon atomlarının aynı yönünde yer alır. Buna bilimsel olarak 'cis-formu' (doğal şekli) diyoruz. Doğallıkları bozulmuş olan yağlarda karbon atomundaki hidrojen atomu 'trans' olmuş ve karşı tarafa geçmiştir.(Şekil-4) Buna da bilimsel olarak 'trans-form' (doğal olmayan) şekli diyoruz. Doğal olan çoklu doymamış sıvı yağlarda birçok sayıda cis-formu bulunur. Yani birden fazla çift bağ bulunur. Bu şekilde yağların akışkanlıkları sağlanmış olur.

Doğal olmayan çoklu doymamış yağlarda da birçok sayıda trans-form şeklinde çift bağ bulunur. Çift bağlarda trans-formlar oluşmuştur. Birçok trans-form şekli olan sıvı yağlar, artık sıvı değildir, sertleşirler ve akışkanlıklarını kaybederler. Margarinler bu gruba girerler!

Doğal olmayan ve hiçbir fonksiyonu bulunmayan trans yağlar, hücre zarlarında Omega-3 yağlarının yerine yerleşirler. Bir anahtar deliğinde kırılıp kalmış olan kırık bir anahtar gibidirler. Kırık anahtarla bir kapı açılamadığı gibi, sağlam olan anahtarın da anahtar deliğine girmesine imkân yoktur. Aynı şekilde trans yağlar da, Omega-3 yağlarının hücre zarlarında bulunan yerlerini adeta tıkarlar ve onların hücre zarlarına yerleşmelerini önlerler. Sonuç olarak hücre zarlarının normal bir şekilde çalışması engellenmiş olur.

Trans yağların hücre zarlarına yerleşmesi ile hücre zarları sertleşir, esneklik ve yumuşaklıklarını kaybederler. Hücreler zayıflamış ve dirençleri kırılmış oldukları için her türlü zararlı iç ve dış etkene (virüs, bakteri, toksik maddeler) karşı kendilerini koruyamaz duruma gelirler. Zayıf hücrelerin meydana getirdiği dirençleri kırılmış olan organizmanın, hastalanması kolaylaştığı gibi iyileşmesi de güçleşir.[67] İşte, yanlış beslenme sonucu hücresel düzeyde yani bizler hiç farkından olmadan bu bozukluklar başlamakta, yavaş yavaş bozulan hücre fonksiyonları ancak ileri yaşlarda belirgin hale gelerek çeşitli dejeneratif hastalıklar şeklinde ortaya çıkmaktadır.

Trans yağların sebep olduğu hastalıklar hangileri?

Trans yağların sebep olduğu hastalıklar oldukça fazladır. Bunların en önemlilerini şöyle sıralayabiliriz:

- Bağışıklık sistemini zayıflatarak her çeşit viral ve mikrobik hastalığın kolaylıkla oluşmasına neden olurlar.
- Serbest oksijen radikallerini artırdıkları için her türlü kanser ve dejeneratif hastalıkların başlamasına neden olurlar.

[67] Mozaffarian D, Rimm EB,Herrigton DM. Dietary fats, carbohydrate, and progression of coronary atherosclerosis among postmenaposal women. Am J Clin Nutr 2004;80:1175-84.

- Kan yağlarımızda düşük yoğunluklu yağ olan LDL kolesterolü okside ederek zararlı LDL haline dönüştürürler.
- Kan yağlarımızda yüksek yoğunluklu yağ olan HDL kolesterolü ise düşürürler.

Peki, sağlıklı yağlar hangileridir?

Önceki bölümde de söylemiş olduğumuz gibi, doğal olan bütün yağlar sağlıklıdır. Bozulmamış olan (trans yağ içermeyen) tereyağı, hayvansal katı yağlar, çoklu doymamış balık yağı (Omega-3), ısıl işlem görmemiş, yanmamış ve acımamış özellikteki çiğ mısırözü ve ayçiçeği yağı (Omega-6) gibi sıvı yağlar, tekli doymamış soğuk sıkım zeytin ve fındık yağları (Omega-9) sağlıklıdır.

Sağlıklı yağlar da birkaç gruba ayrılır:

- Hayvansal kaynaklı olan doğal tereyağı (bütrik asit), kuyruk yağı
Kolay bozulmazlar ve ısıya dayanıklıdırlar.
- Balık yağında bulunan Omega-3.
Çabuk bozulur.
- Doğallığı bozulmamış mısırözü ve ayçiçeği yağında bulunan Omega-6
Açık havada bekleyince ve yüksek ısıda hemen bozulur-trans yağa dönüşür.
- Zeytin ve fındık yağlarında bulunan Omega-9 (oleik asit)
Çabuk bozulmaz, ısıya dayanıklıdır.

Çoklu doymamış olan Omega-3 *(Ω-3)* ve Omega-6 *(Ω-6)* yağları, insan vücudunda üretilemez. Bu sebeple esansiyel yağlar ya da temel yağlar olarak adlandırılırlar. Mutlaka besinlerle ya da destek olarak alınmaları gerekir.

İnsan vücudu gereksinimine göre Omega-9 *(Ω-9)* denilen 'oleik yağı' üretir. Bu nedenle zeytin ve fındık yağında bulunan Omega-9 *(Ω-9)* 'oleik yağı' temel ya da esansiyel bir yağ değildir.

Hücre zarlarında bulunan Omega-3 ve Omega-6 yağlarının fonksiyonları nelerdir?

Omega-3 ve Omega-6 yağları bütün hücre zarlarının temel yapısını oluşturur. Asıl görevleri, hücre zarlarında birlikte uyum içinde çalışarak 'prostaglandin' ya da 'lökotren' diye adlandırılan ve her canlının yaşamı için gerekli olan, hormona benzeyen kimyasal maddeleri üretmektir.

Diğer bir deyişle prostaglandinlerin ön ve ana maddeleri, hücre zarlarında birlikte çalışan Omega-3 ve Omega-6 yağlarıdır.

Hormona benzeyen prostaglandinlerin önemi nedir?

Hormona benzeyen prostaglandinler, [68] hücre zarlarında lokal olarak üretilir ve lokal olarak tüketilirler. Kısa ömürlüdürler ve üretildikten kısa bir süre sonra üretildikleri yerde yıkılırlar. Bu nedenle, diğer hormonlar gibi kana geçmezler ve kan dolaşımında uzun süre bulunmazlar.

Genel olarak prostaglandinler de faydalı ve zararlı olarak iki gruba ayrılır:

1. Faydalı olan prostaglandinler kısaca PGE1 ve PGE3 diye adlandırılırlar.
2. Zararlı olan prostaglandinler ise kısaca PGE2 diye adlandırılırlar.

Birinci grupta bulunan PGE1 ve PGE3 prostaglandinlerin faydaları nelerdir?

PGE1 ve PGE3 prostaglandinlerin sağlığımıza sonsuz faydaları vardır. Bunlardan önemli olanları şunlardır:

- Kanımızın sulanmasını sağlar ve kanın pıhtılaşmasını önlerler.[69]
- Kan basıncımızı düzenlerler.
- Sağlıklı üremememizi sağlarlar.
- Ağrıya, ateşe ve yaralanmaya karşı vücudumuzun direncini artırırlar.
- Genel olarak organizmada inflamasyonu/yangıyı önlerler. Meydana gelmiş olan lokal ve genel yangıyı ortadan kaldırıp, yok etmek için savaşırlar.
- Her türlü alerjik reaksiyon (bir tür yangıdır) ile mücadele ederler.
- Bağışıklık sistemimizin kuvvetlenmesini dolayısı ile virüs ve bakterilere karşı hücrelerimizin direncini artırırlar. Aynı zamanda var olan virüsleri de öldürürler.
- Derin ve rahat bir uyku sağlarlar.
- Konsantrasyonumuzu artırırlar ve hafızayı kuvvetlendirirler. Depresyon, demans (unutkanlık) ve Alzheimer hastalığını önlerler.
- Kalp ritmini düzenler ve ani ölümleri önlerler.
- Cilt, saç ve tırnaklarımızın parlak ve kuvvetli olmasını sağlarlar.
- Çocuklarda hiperaktivite ve konsantrasyon bozukluğunu önlerler.
- Kronik iltihabi bağırsak hastalıklarını önlerler.
- Damarların büzüşmesini önlerler. Bunun sonucunda da damar sertliğini, yüksek tansiyonu ve damarların tıkanmasını (kalp krizi, felç yani inme ve bacak damarlarının tıkanması) önlemiş olurlar.

---

[68] Das,UN., Beneficial effects of n-3 fatty acids in cardiovascular diseases: but, why and how? Prostaglandins, Leukotrienes and Essential Fatty Acids, December 2000; 63:351-62.
[69] Bang HO, Dyerberg J, Nielsen AB., Lancet 1971.

Özetle, PGE1 ve PGE3 prostaglandinlerinin bağışıklık sistemi, dolaşım sistemi, solunum sistemi, üreme sistemi ve sindirim sistemlerinin normal fonksiyonları için hayati önemleri vardır. Bu prostaglandinler genel, lokal, akut ve kronik inflamasyonu; hücre çoğalmasını (proliferasyonunu); tümöral büyümeyi; bütün alerjik reaksiyonları kontrol ederler.

İkinci grupta bulunan PGE2 prostaglandinlerin zararları nelerdir?

- PGE2 prostaglandinleri organizmada genel olarak inflamasyon başlatarak, kronik ve ileri yaşlarda ortaya çıkan dejeneratif hastalıkları başlatırlar.
- Kanın pıhtılaşmasını artırırlar.
- Damarların büzüşmesine neden olurlar. Sonuç olarak, damar sertliğine, yüksek tansiyona ve damarların tıkanmasına neden olurlar (kalp krizi, felç yani inme, bacak damarlarının tıkanması)

Nasıl oluyor da hücre zarlarında aynı anda hem dejeneratif hastalıkları önleyen ve iyileştiren, hem de inflamasyona neden olan yani dejeneratif hastalıkları başlatan prostaglandinler bulunuyor?

Doğal ve normal şartlar altında Omega-6[70] yağlarından birçok kimyasal basamakla ve bazı önemli enzim yardımı ile hücre zarlarında anti-infalamatuar olan prostaglandinlerden 'PGE1', Omega-3 yağlarından da gene anti-inflamatuar olan prostaglandinlerden 'PGE3'ler üretilir.

[70] Brown R A., Omega Six The Devil's Fat. Lex Creux Limited. St. Lawrence Jersey, 2008.

Bunu şu şekilde bir şema ile açıklayabiliriz:

***Omega-6 (Ω-6)*serisi:**
Bitkisel sıvı yağlarda (ayçiçeği, mısırözü vb) bulunur.
(cis-linoleic asit-doğal şekli)
(LA)

⇩

γ-gamma linolenic asit
(GLA)

⇩

Anti-inflamatuar *Prostaglandin PGE1*

***

***Omega-3 (Ω-3)*serisi:**
Balık yağı ve keten tohumu yağında bulunur.

αlfa linolenic asit- (ALA)

⇩

eicosapentaenoic asit (EPA)

⇩

Anti-inflamatuar *prostaglandin PGE3*

Şekil-5:
PGE1 ve PGE3 prostaglandinlerin hücre zarlarında oluşması

İnflamasyon başlatan PGE2 prostaglandinleri ise trans yağlar ve aşırı miktarda meydana gelmiş olan serbest oksijen radikallerinin etkisi ile Omega-6 yağlarının bozulması sonucu meydan gelir. PGE2 prostaglandinleri hücre zarlarında genel bir şekilde yangıyı başlatır.

Diğer bir deyişle dejeneratif kronik hastalıkların başlamasının temel nedeni olan PGE2 prostaglandinlerinin fazla miktarda meydana gelmesidir.

İnflamasyon başlatarak kronik ve dejeneratif hastalığa neden olan PGE2 prostaglandinler nasıl oluşuyor?

Hücre zarlarında Omega-6 yağlarından (mısırözü, ayçiçeği) birçok kimyasal basamak ve birkaç enzim yardımıyla PGE2 prostaglandinleri oluştuğunu anlatmıştık.

Bozulmuş olan Omega-6 yağlarından, PGE2 prostaglandinlerin üretilmeleri sırasında, ara basamaklarda da aşırı miktarda bozuk 'araşidonik asit' denilen yağlar meydana gelir.

Trans yağlar ve daha önce saymış olduğumuz serbest oksijen radikallerini artıran birçok zararlı maddenin organizmaya girmesi sonucu, fazla miktarda sağlığa zararlı araşidonik asit üretilir.

Şekil-6'da da görüldüğü gibi, aşırı miktarda araşidonik asidin yapımı da PGE2 prostaglandinlerin üretimini çok fazla artırır.

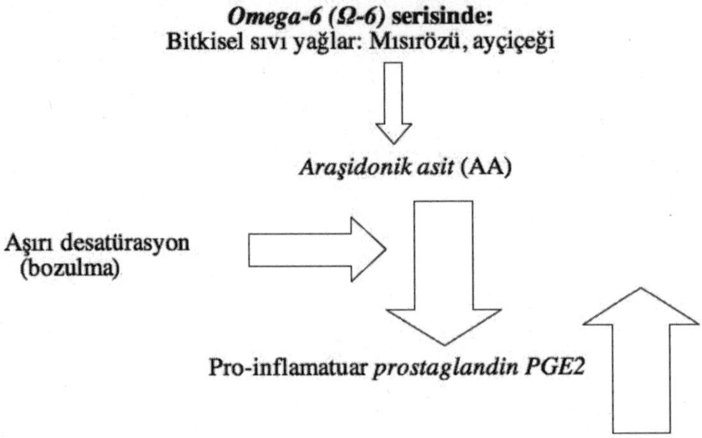

Şekil-6:
PGE2 prostaglandinlerin hücre zarlarında oluşması

Organizmada inflamasyon başlatan PGE2 prostaglandinlerin fazla miktarda meydana gelmesi sonucu tüm hücre ve hücre zarlarında, bizler farkında olmadan mikrobik olmayan inflamasyon, yani yangı başlamış olur. Artık genel olarak tüm organizmada düşük yoğunlukta bir mücadele (savaş) başlamıştır. Gizli yeraltı örgütleri gibi düşük yoğunlukta süregelen bu savaş, yeryüzünde aşikâr hale gelinceye dek vücudumuzda bulunan hücreleri sürekli bir şekilde yıpratarak, ileri yaşlarda ortaya çıkacak olan kronik hastalıklara ortam hazırlar. İşte ileri yaşlarda ortaya çıkan kilo alma, obezite, kronik ve dejeneratif hastalıkların nedeni, senelerce sinsi bir şekilde devam eden bu düşük yoğunluklu savaştır. Bilinenin aksine, bu hastalıkların hiçbiri genetik değildir. Ancak ailesel olabilir! Çünkü yaşama biçimi ve beslenme alışkanlıkları, aynı aile içinde pek değişiklik göstermez. Anneler ve babalar nasıl yaşayagelmişlerse, çocukları da aynı biçim ve tarzda beslenmeye devam edeceklerdir. Aynı aile fertleri, alışagelmiş oldukları alışkanlıkları bırakınca hastalıkların ortaya çıkması da önlenecektir.

Kalp, yüksek tansiyon ve şeker hastalıkları genetik değil midir?

Hayır. Bu hastalıklar genetik değildir. Herhangi bir bebek doğduğu zaman vücudunda 35.000-40.000 kadar gen bulunur. Bu genlerin büyük bir çoğunluğu uykudadır. Uyumakta olan bu genler ancak dışarıdan bir etken ile uyarılınca uykularından uyanıverirler. Uyarılmaları da yaşam, beslenme biçimi ve önceki bölümlerlerde anlatmış olduğumuz gibi çevresel faktörlerin etkileri sonucu meydana gelir. Bu nedenle, bilinçli bir şekilde sağlıklı yaşar ve sağlıklı beslenirsek hastalık nedeni olan genlerin uyanmaları mümkün olmaz. Uyandırılmış olanlar da tekrar uykularına döner ve tatlı uykularına devam ederler.

İşte bu sebeple ileri yaşlarda ortaya çıkan tüm dejeneratif hastalıklar önlenebilir hastalıklardır. Önlemek de elimizdedir ve genetik değildir.

Başından beri söylediğimiz gibi Karatay Diyeti'nde verilen önerileri uygulamakla, bu hastalıkların önlenmesi ve gerilemesi mümkündür. Eğer yılanı uyandırmazsak sağlığımızı korur ve hastalanmayız. Karatay Diyeti'nin amacı bu düşünce ve yaşam tarzını oluşturmaktır. Tamamen doğallığa dayanan bu önerileri uygulayarak, aşırı kilolar (birikmiş yağlar) verilir ve bir daha kilo alınmaz. Yeterli ve düzenli bir şekilde fizik aktivitemize devam ederek, sağlıklı yağlar, sağlıklı karbonhidrat ve sağlıklı proteinlerle de beslenirsek, ileri yaşlarda görülen ve yaşlılık hastalıkları diye kabul edilen dejeneratif hastalıkları önlememiz mümkündür.

Bu durumda tereyağı ve hayvansal yağlar sağlıklı... Yani bu yağları korkmadan yiyebilir miyiz?

Evet, trans yağların dışında bütün yağlar sağlıklı yağlardır. Temel olan ve doğal olan yağların yani hayvansal katı yağlar[71] ve tereyağının mutlaka besinlerle alınması gerekir. Esansiyel (temel) olan Omega-3 ve Omega-6 yağlarının da her gün mutlaka doğal olarak tüketilmeleri gerekir.

Omega-3 ve Omega-6 yağlarının, hücre zarlarında birlikte ve belirli bir oranda bulunmaları şarttır. Çürkü bu yağlar belirli bir oranda olmadıklarında, hücre zarlarının normal bir şekilde çalışmaları mümkün değildir!

İşte bu sonuçta gösteriyor ki, şimdiye dek bize öğretilenlerin aksine bütün yağlar sağlığa zararlı değilmiş! Bazı yağlar insanı hastalandırıp öldürebildiği gibi, bazıları da sağlıklı yaşam için şart oluyor. Yıllardan beri bütün yağlar bir sepete koyularak değerlendirildi. Tüm yağların kilo aldırdığı, sağlığa aynı

---

[71] Jon J. Kabara., Fats Are Good for You And Other Secrets: How saturated fat and cholesterol actually benefit the body. North Atlantic Books Publisher. Berkley, California, USA, 2008.

derecede zarar verdiği masalı sürekli işlendi. Bu nedenle bir damla yağa bile dokunmamaya çalıştık, az miktar yağlı bir yemek yedikten sonra bile suçluluk hissettik, kahrolduk ama yine de kilo veremedik. Bu arada sağlıklı ve de mutlaka tüketmemiz gereken (vücudumuz için olmazsa olmaz olan) esansıyel yağlardan da mahrum kaldığımızı bilemedik, anlamadık ve kilo veremediğimiz gibi kilolarımız da giderek arttı.

Geçtiğimiz yüzyılda obezite ve kanser dâhil her türlü dejeneratif ve kronik hastalık bütün dünyada son derece artış gösterdi ve yaygın bir halk sağlığı sorunu oldu.

İnsülin ve leptin direncinin gelişmesini, kilo almayı, dejeneratif hastalıkları ve yaşlanmayı önleyen, bağışıklık sistemini kuvvetlendiren yağların sağlıklı ve güçlü bir vücut için mutlaka yiyeceklerle alınması şarttır.

Peki, bir hücre zarında doğal olan Omega-3 ve Omega-6 yağlarının oranı (Ω-3/Ω-6) nasıl olmalıdır?

Yapılan DNA çalışmaları sonucu, ilkel toplumlarda çağımızda görülen hiçbir dejeneratif hastalığın olmadığı gösterilmiştir. İlkel insanlar, doğal ve bozulmamış gıda ve yağlarla beslendiklerinden dolayı, hücre zarlarındaki Ω-3/Ω-6 oranının 1/1 olduğu gösterilmiştir. Yaşadığımız çağda ise, en sağlıklı Ω-3/Ω-6 oranı, 1/4 olarak kabul edilmektedir. Sağlıklı 1/4 oranı, Ω-3=1/Ω-6=4 olarak anne sütünde bulunur. Ayrıca gün ışığında doğada yetişmiş olan semizotu, yeşil çayırlarda serbest olarak gezen özgür hayvanların eti, sütü ve yumurtasında da bu oran bulunmaktadır. Prof. Ahmet Aydın'ın *7'den 70'e Taş Devri Diyeti* kitabı bu konuyu kapsamlı bir şekilde ele almaktadır.

Gelişmiş ve endüstriyel toplumlarda yapılan araştırmalar, hücre zarlarındaki Omega-3 ve Omega-6 (Ω-3/Ω-6) oranının, 1/20-1/50 kadar yüksek olduğunu göstermiştir. Endüstiryel toplumlarda bilerek ya da farkında olmaksızın Omega-6 içeren (işlenmiş, yanlış pişirme ve saklama sonucu bozulmuş mısırözü ve ayçiçeği yağları gibi) bitkisel sıvı yağlar aşırı miktarda tüketilmektedir. Bu nedenle, 1/1 olan Ω-3/Ω-6 oranı, Omega-6 yağları lehine bozulmaktadır.

Omega-6 yağları, vücudumuza Omega-3 yağlarından daha fazla miktarda (bozulmuş ya da bozulmamış olarak) girmekte, hücrelerde ve dokularda hasar başlatmaktadır. Omega-6 yağlarının organizmaya fazla miktarda girmesi 1/4 oranını Omega-6 lehine bozmaktadır. Organizmada fazla miktarda bulunan Omega-6 yağlarından, fazla miktarda inflamasyonu başlatan PGE2 prostaglandinleri oluşmaktadır. Sonuç olarak organizmanın bütün hücre ve hücre zarlarında, yaygın kronik inflamasyon başlar.

İşte, ateroskleroz yani damar sertliği denilen hastalığın esası, tüm vücutta meydana gelen bu yaygın inflamasyondur. Ateroskleroz, yalnız kalp damarı, beyin, göz, böbrek ya da bacak damarlarında oluşan izole bir hastalık değildir. Ateroskleroz, tüm organların hücrelerinde ve hücre zarlarında meydana gelen yaygın bir inflamasyondur. Kolesterol ilacı diye kullanılan ilaçların da, kolesterolü düşürdüğü için değil, kronik inflamasyonu önlediklerinden dolayı faydalı oldukları (aspirin gibi) artık genel olarak kabul edilmektedir.

Çoklu doymamış olan esansiyel Omega-3 yağlarının faydaları nelerdir?

Omega-3 yağları, ileri yaşlarda ortaya çıkan dejeneratif kronik hastalıkları ve yaşlanmayı önlerler. Asıl görevleri, vücudumuzda bulunan bütün hücre zarlarının oluşması ve normal şekilde çalışmasını sağlamaktır. Bu yağlar hücre zarlarını kuvvetlendirir ve dış etkenlere karşı yıpranmalarını önler. Hücre zarlarının esnekliğini sağlar, güçlendirir, hücrelerin yıpranma ve çabuk parçalanmalarını önlerler.

Doğal olan esansiyel Omega-3 ve bozulmamış Omega-6 yağları hangi hastalıkların riskini azaltır?

Sağlıklı doğmamıza, büyümemize, üremenize ve yaşamamıza neden olurlar. Omega-3 ve Omega-6 yağları, hücre zarlarında sağlıklı olan 1/4 oranı ya da bu orana yakın bir şekilde oldukları zaman, organizma sağlıklı kalacaktır.

Doğal olan esansiyel Omega-3 ve bozulmamış Omega-6 yağları şu hastalıklara karşı faydalıdır:

- Kilo alma ve obeziteyi önler, kilo vermeyi hızlandırılar.[72]
- İnsülin ve leptin direncinin gelişmesini önlerler ve gelişmiş olan insülin ve leptin direncini kırarlar.
- TİP II şeker hastalığını önlerler, tedavisini kolaylaştırırlar.
- Kan yağlarımızı düzenler, normal düzeylere getirirler.[73]
- Aspirin gibi kanı sulandırırlar. Aspirinden farklı olarak mide ve bağırsak kanamalarına neden olmazlar.
- Damar sertliği, hipertansiyon, kalp-damar tıkanıklıkları, kalp krizi ve felç hastalıklarını önlerler.[74, 75]

---

[72] Allport S., The Queen of Fats. Why Omega-3s were Removed from the Western Diet. What We can do to Replace Them. University of California Press. California London 2006.

[73] Gordon G., Joiner-Bey H., The Omega-3 Miracle. Freedom Press. Topanga Ca, 2004.

[74] John H.L., et al., Mayo Clinic Proceedings, March 2008.

[75] Burr ML et al., Lancet 1989

- Kalp yetersizliğini önlerler.[76, 77]
- Ani ölümleri önledikleri gösterilmiştir.[78]
- Eklemlerde meydana gelen ağrı, şişlik ve sertlikleri, ileri yaşlarda sıklıkla görülen vücut ağrılarını önlerler.
- Romatoid artrit belirtileri ve ağrılarını geriletirler.[79, 80]
- Fibromiyosit denilen hastalığı önler ve ağrılarını giderirler.
- Optik sinir atrofisini, makula dejenerasyonunu önlerler.
- Fibrokistik meme hastalığını önlerler.
- Polikistik over sendromu denilen yumurtalık hastalığını önlerler.
- Adet öncesi görülen sıkıntıları önler, döllenmeyi kolaylaştırır ve sperm azlığını giderirler.
- Bağışıklık sistemini güçlendirip, sık sık bakteri ve virüslerin neden olduğu hastalıklara karşı direncimizi artırırlar.
- Alerjileri önlerler.
- Depresyon ve şizofreniyi, ayrıca lohusalıkta ortaya çıkan depresyonu önlerler.[81] Psoriasisi yani sedef hastalağını önlerler.
- Meme ve kolon kanserlerinden korurlar.[82]

Sağlıklı olan esansiyel yağlar, sağlıklı bir şekilde tüketildikleri zaman yaşlanma, kronik ve dejeneratif hastalıklar dediğimiz hastalıklar önlenebilecek ya da ilerlemeleri yavaşlayacak ve geriliyecektir.[83]

Omega-3 yağlarının saydığımız yararları birçok kapsamlı bilimsel çalışma ile kanıtlanmış olduğundan bu yağlara yaşatan iyileştiren yağlar diyoruz. Bu nedenle her gün mutlaka, doğal olarak yiyeceklerle ya da gıda desteği olarak alınması gerekmektedir. Günde 1-3 gr saf Omega-3 kapsülü rahatlıkla tüketilebilir. Amerikan Kalp Derneği günde 3gr Omega-3 kullanan yüksek tansiyonlu kişilerin, büyük ve düşük tansiyonlarında 1-3 mmHg kadar düşüş meydana geldiğini bildirmiştir. Bu nedenle yüksek tansiyon tedavilerinde ek olarak önerilmektedir.

---

[76] GISSI-HF investigators. www.thelancet.com

[77] Fonarow GC. Lancet, 2008 . www.thelancet.com

[78] Mitsuhiro Y. The Lancet 2007.

[79] Kremer JM., et al. Effects of high-dose fish oil on rheumatoid arthritis after stopping non-steroidal anti-inflammatory drugs. Arthritis Rhem, Aug 1995;38(8):1107-14.

[80] Lau CS., et al. Effects of fish oil supplementation on non-steroidal anti-inflammatory drug requirement in patients with mild rheumatoid arthritis-a double blind placebo controlled study. Br J Rheumatol, Nov 1993;32(11):982-989.

[81] Puri B K. and Boyd Hilary. The natural way to beat depression. The groundbreaking discovery of EPA to change your life. Hodder and Stoughton Publisher. Great Britain, 2005.

[82] Caygill CP., et al. Fat, fish, fish oil and cancer. Br J Cancer, July 1996;74(1):159-64.

[83] Enig M., Fallon S., Eat Fat Lose Fat. First Plume Printing, Penguin Books. Pg.45. England, 2006.

Balıklar, özellikle de soğuk deniz balıkları da Omega-3 içeriği bakımından oldukça zengindir. Örnek verecek olursak, Kuzey deniz uskumrusunun 100 gramında, 2,5 gr kadar Omega-3 bulunur. Bütün bir uskumrunun ağırlığı 200-300 gr kadar olduğuna göre, bu balığı tüketen bir kişi 5-7 gr kadar son derece sağlıklı olan Omega-3 tüketecektir. (Norveç uskumruları ülkemizde yanlış olarak 'Norveç palamutu' diye pazarlanmaktadır).

Bizim ülkemizde de palamut, hamsi ve Saroz Körfezi'nde yetişen sardalyaların doğal Omega-3 içeriği son derece önemlidir. Yağlı balık dediğimiz balıkların yağları, Omega-3 yağlarıdır.

Omega-6 yağlar ise ister istemez vücudumuza fazla miktarda girdiğinden, mümkün olduğu kadar az kullanmaya gayret göstermeliyiz. Ancak bu şekilde hücre zarlarımızda bulunan Ω-3/Ω-6 oranının sağlıklı düzeylere ulaşmasını sağlayabiliriz. Bilimsel birçok çalışmanın sonucunda, yukarıda saymış olduğumuz dejeneratif hastalıklarda, hücre zarlarında Omega-3 yağların düşük miktarda bulunduğu, Omega-3'ün yerini de Omega-6 ve trans yağların işgal etmiş olduğu gösterilmiştir.

Balıktan başka hangi yiyeceklerde doğal Omega-3 bulunur?

En çok doğal Omega-3 içerek gıdaları şöyle sıralayabiliriz:

1. Somon, Norveç uskumrusu, palamut, hamsi ve sardalye gibi soğuk deniz balıkları.
2. Çayır ve çimenlerde serbest dolaşıp, beslenen kuzu ve keçi gibi hayvanların etleri.
3. Çayır ve çimenlerde serbest dolaşıp beslenen tavukların yumurtaları.
4. Keten tohumu.
5. Semizotu.
6. Kabak ve ayçiçeği çekirdekleri.
7. Fındık, fıstık, ceviz, badem.

Bu yiyecekler doğal olarak, işlenmemiş ve bozulmamış şekilleri ile bütün olarak tüketildiklerinde bağışıklık sistemi güçlenir, dolayısı ile sık sık hastalanmayız. Yukarıda sağdığımız bazı yiyeceklerde bulunan Omega-3/Omega-6 oranları da şöyledir:

- Soğuk deniz balıklarının Ω-3/Ω-6 oranı=1/4
- Keçi, geyik gibi av etlerinin Ω-3/Ω-6 oranı=1/4
- Çayır ve yaylalarda gün ışığında serbest dolaşarak, yeşil otlarla beslenen hayvanların etlerinin Ω-3/Ω-6 oranı=1/4

- Suni yemle beslenen hayvanların etlerinin Ω-3/Ω-6 oranı=1/20
- Yeşil yapraklı sebzelerde Ω-3/Ω-6 oranı=1/10
- Semizotunun Ω-3/Ω-6 oranı=1/4
- Çekirdekler, keten tohumu, fındık/fıstık/ceviz grubunun Ω-3/Ω-6 oranı=1/4

Sağlıklı yağların başka faydaları var mı?

Birçok faydaları vardır.[84] Doğal yağlar, ancak yağda eriyerek vücudumuza girebilen ve vücudumuz için önemli olan A, D, E, K vitaminlerinin, yiyeceklerimizle emilmesini sağlarlar. Sağlıklı yağlar (hayvansal yağlar, tereyağı, balık yağı, zeytinyağı) yenilmediği zaman, yağda eriyen A, D, E, K vitaminlerinin (yemeklerle almış olsak bile) emilimi gerçekleşemez. Bunun sonucunda sağlığımız için büyük önemi olan bu vitaminler vücudumuzda giderek azalırlar. Bu vitaminlerin azalması da vücut direncinin bozulması ve hastalanmamızın nedenlerinden biridir.

A, D, E, K vitaminlerin faydaları nelerdir?

Yağda eriyen bir vitamin olan D vitamini, cildimizde güneş ışığının etkisi ile üretilen ve kemiklerimizin sağlıklı gelişmesini sağlayan önemli bir vitamindir. D vitamini eksikliği, raşitizm dediğimiz kemik hastalığının da nedenidir. Geçen yüzyılın başlarında raşitizm denilen kemik hastalığı, balık yağı (Omega-3) verilerek tedavi edilirdi. 1900'lü yılların başlarında balık yağının faydaları biliniyordu fakat içeriğinde Omega-3 yağlarının bulunduğu henüz bilinmiyordu. Son yıllarda yapılan birçok bilimsel araştırma, D vitaminin kemik yapısı dışında da önemli görevleri olduğunu ortaya çıkarmıştır. D vitaminin görevlerini şöyle sıralayabiliriz:

- Tüm vücut organ ve dokularında D vitamini reseptörleri bulunur ve hücrelerde bulunan genlerin normal olarak çalışmalarını düzenler.
- Kanlarında düşük düzeylerde D vitamini bulunan kişilerin, kardiyovasküler hastalıklara yakalanma riskinin fazla olduğu gösterilmiştir.
- Obez yetişkinlerin ve şeker hastalarının kanlarında D vitamini düşük olarak bulunmuştur.
- D vitamini, bağışıklık sistemini kuvvetlendirir. D vitamini eksikliği olan kişilerin alerji, otoimmün ve kanser hastalıklarına yakalanma riski yük-

[84] Das,UN., Beneficial effects of n-3 fatty acids in cardiovascular diseases: but, why and how? Prostaglandins, Leukotrienes and Essential Fatty Acids, December 2000; 63:351-62.

sektir. Kanada hükümeti, 2009 yılında domuz gribi aşısı yerine, halkın bağışıklık sistemini kuvvetlendirmek amacı ile onlara D vitamini takviyesi sağlamış, kimseye domuz gribi aşısı yaptırmamıştır.

- Kuvvetli bir antioksidan olan D vitamini, organizmayı serbest oksijen radikallerinin zararlarından korur.
- Yaşlılarda sık olarak rastladığımız dengesizlik nedeni ve bunun sonucu düşmelerinin de D vitamininin eksikliğine bağlı olduğu bildirilmiştir.
- Şeker hastalarının kandaki D vitamini normal düzeylerde olduğunda, kan şeker kontrollerinin daha kolay olabildiği de gösterilmiştir.

D vitamininin normal düzeyleri nelerdir?

Yaz ya da kış aylarında normal şartlarda kanda D vitamini düzeyinin en az, 50 ng/ml'nin üstünde olması gerekir. Kanser hastalarında 70 ng/ml olması önerilmektedir. Sağlıklı doğal yağlar yendiği zaman, D vitamini ile birlikte yalnız yağda eriyen ve emilebilen A, E, K vitaminleri de organizmaya girer. Yiyeceklerimizle almış olsak bile, sağlıklı yağları yemediğimiz zamanlarda bu vitaminlerin vücudumuza girmesi mümkün değildir.

D vitamini ile birlikte A vitamini de bağışıklık sistemini güçlendirir. K ve E vitaminleri de kuvvetli antioksidan maddelerdir.

K vitaminin kanın pıhtılaşmasında rolü çok önemlidir. Bunun yanı sıra, atardamar ve toplardamarlarda kireçlenmeyi ve bacak varislerini önlediği gösterilmiştir. K vitamini güçlü bir antioksidan olduğu için, prostat, akciğer, karaciğer kanserleri ve lösemiye karşı organizmayı güçlendirdiği ve koruduğu bilinmektedir.

Antioksidan ne demektir?

Antioksidan denilen faydalı maddeler, organizmada serbest oksijen radikallerini yok ederler. Bu nedenle, serbest oksijen radikallerin hasarına karşı organizmayı korur ve hastalıkları önlerler.

Bu bölümün başından beri anlattığımız konuları özetleyecek olursak, şu andan itibaren hangi adımları atmalıyız?

- Sağlıklı doğmamıza, büyümemize, ürememize ve de yaşamamızda gerekli (olmazsa olmaz) olan, sıvıyağ ve doğal yiyeceklerde bulunan Omega-3, Omega-6 ve Omega-9 yağları doğallıkları bozulmadan tüketilmelidir.

- Doğal ve bozulmamış olan Omega-3 yağlarının gıdalarla alınımı artırılmalı. Bütün işlenmiş ve hazır yiyeceklerde bulunan, bozulmuş Omega-6 ve trans yağların tüketilmeleri bilinçli bir şekilde azaltılmalıdır.[85,86,87]
- Yapılan bilimsel araştırmalar, çok az yağ ya da tam yağsız gıdalarla beslenenlerde LDL kolesterolün azalmadığını, aksine yükseldiğini göstermiştir.
- Çok az yağ yiyen ya da tam yağsız gıdalarla beslenenlerin de kilo veremedikleri gibi, aksine kilo aldıkları görülmüştür.
- Sağlıklı kilo vermek ve de sağlıklı kilomuzda kalarak; dinç, hayat dolu ve enerjik yaşamak istiyorsak, düşük glisemik indeksli karbonhidratları, bozulmamış yağları ve sağlıklı proteinleri tüketmek gerekir.
- Sağlıklı yağlar; hayvansal katı yağlar, doğal tereyağı, soğuk sıkım sızma zeytinyağı, Omega-3, fındık ve keten tohumu yağlarıdır.
- Sebze, meyve, balık ve etler doğal olarak tüketilmelidir.
- Tüm işlenmiş yiyecek ve gıdalardan uzak durulması şarttır. İşlenmiş bütün yiyeceklerde aşırı miktarda trans yağ[88] ve gizli şeker bulunur.
- Her gün mutlaka 40-60 dakika yürümek ya da sevilen başka bir fizik aktivitenin yapılması, kilo vermek ve aynı zamanda hayat boyu sağlıklı kalmak için şarttır.[89]

[85] Artemis P. Simonopoulus, MD., et al., The Omega Diet. HarperCollins Publishers, Inc, New York, NY, USA, 1999.
[86] Mary Anne McCaffree., The American Medical Association Supports Trans-Fat Bans. New York City and California banned transfats in July. Reuters Health Information 2008.
[87] Dallongeville., et al., Fish consumption is associated with lower heart rates. Circulation 108:19; 820-25, 2003.
[88] Mozaffarian D.,et.al Trans fatty acids and cardiovascular disease. New Engl J Med. 2006.
[89] Alison M Hill., Am J Clin Nutr. 2007;85:1267-1274.

Dördüncü Bölüm

HER GÜN İKİ YUMURTA

Yumurta yediğimiz zaman kan kolesterolümüz yükselmez mi?

Hayır. Doğal (özgür olarak gezinen ve doğal yemle beslenen) tavukların yumurtası kan kolesterolünü yükseltmez. Aksine kolesterolsüz ve sağlıklı bir hayat için her gün iki adet bütün doğal yumurta yenmelidir.

Dikkat edilecek en kritik nokta, yumurtaların çok katı olarak haşlanmamış olmasıdır! Yumurtaları yağda kavurmadan, yakmadan, yani doğallıklarını bozmadan pişirmek gerekmektedir.

Yumurtalar kayısı kıvamında suda haşlanabilir, saf tereyağında pişirilebilir ya da omlet olarak hazırlanabilir. Bu yollarla doğal bir şekilde tüketilen yumurta kan kolesterolünü yükseltmez.

Günde 4 yumurta yendiği zaman, karaciğerden kolesterol yapılması orantılı olarak azalmaktadır.[90, 91]

Yumurta sarısında yüksek miktarda kolesterol yok mu? Nasıl oluyor da kan kolesterolünü yükseltmiyor?

Ortalama 50-60 gr kadar olan bir yumurta sarısında, 150-180 mgr kolesterol bulunur. Bilinenin aksine 150-180 mgr olan bu kolesterol, yumurta sarısı yenildiği zaman kanımıza doğrudan doğruya 150-180 mgr kolesterol olarak geçemez. Bu nedenle, yumurta sarısını yemekle kan kolesterolü yükselmez. 'Yumurta kan kolesterolünü yükseltir' fikri yukarıda açıkladığımız bu bilginin yanıltmasından ve çarpıtılmasından kaynaklanmaktadır. Bu amaçla, yumurta ile yapılmış önemli birkaç çalışmadan bahsetmek istiyorum.

ABD'de bütün dünyada kalp uzmanlarının kılavuz olarak kabul etmiş olduğu ünlü Framingham Kalp Çalışması'nda (Framingham Heart Study), Boston Üniversitesi'nde 912 kişinin beslenmesi 1948 yılından beri izlenmiştir. Bu çalışma sonucunda, haftada 7 ya da 24 adet yumurta yiyen kişiler ile hiç yumurta yemeyen kişilerin arasında kan kolesterolü bakımından anlamlı bir fark olmadığı bildirilmiştir.

Ünlü Framingham çalışmasında, yumurta tüketimi ile kalp krizinden ölüm arasında da doğrudan doğruya bir ilişkinin bulunmadığı gösterilmiştir.

Yani, yumurtanın ne kolesterolü yükselttiği, ne de kalp krizine neden olduğu hiçbir şekilde ispat edilmemiştir.

Ortalama 50-60gr olan doğal bir yumurta sarısında, 900 mg doğal ve bozul-

---

[90] Malcolm Kendrick., The Great Cholesterol Con: The Truth about what really causes Heart Disease and How to Avoid It., 2007: pg.1-15, John Blake Publishing Ltd., London, W14 9PE, England

[91] Uffe Ravnskov., Fat and Cholesterol are Good for you.GB Publishing, Sweden 2009.,pg.44-48.

mamış esansiyel (temel) yağ olan Omega-3 vardır. Yumurta sarısında bulunan bu Omega-3, kan kolesterolünü düşürür. Ayrıca yumurtada bulunan ve esansiyel yani temel bir aminoasit olan lesitin de kan kolesterolünü düşürür. İşte bu sebeple yıllardan beri lesitin tabletleri üretilip piyasalarda satılmaktadır.

Bu noktada, Sudan'da iki sene süre ile çalışmış, kolesterolü yüksek olduğu için İstanbul'da senelerce izlenmiş olan 54 yaşında bir hastamın yaşadıklarını örnek olarak vermek istiyorum:

Sayın Taner Eray Sudan'da bir şirket müdürü olarak çalıştığı dönemde, yiyecek bulmak zor olduğu için iki sene süre ile her gün menemen yemek zorunda kalmış. Hatta aşçılarına menemenin nasıl pişirileceğini bizzat kendisi göstermiş. İki senenin sonunda İstanbul'a dönünce, kolesterolünün çok yüksek çıkacağını düşünerek kan kolesterolünü ölçülmüş.

Sayın Taner Bey, kolesterolünün normal sınırlar içinde olduğunu görünce şaşırmış. Kendisi senelerce kolesterol ilacı kullandığı halde kan kolesterolü hiçbir zaman 260-250 mg/l'nin altına inmemişken, yaptırdığı bu tahlil sonucunda kan kolesterolü 160 mg/l olarak bulunmuş. İstanbul'da 10-15 sene önce gelişen bu olay, hekimini de şaşırtmış ve hekimi bu sonucun yanlış olduğunu, bu sonuca inanmadığını bildirmiş. İkinci kez değişik bir laboratuvarda kan kontrolü tekrarlamış ve gene aynı sonuç alınmış. Kardiyolog olan hekimi, maalesef ikinci kez saptanan normal kolesterol düzeyine de inanamamış!

Yumurtanın diğer yararları neler?

Doğal olan yumurta, doyurucu ve tok tutucudur. Bu nedenle, kilo vermek isteyenler için ideal bir temel besin maddesidir. Karbonhidrat içermediği için de glisemik indeksi sıfırdır. Bu nedenle de uzun süre tokluk hissi verir ve acıkma hissetmeyiz. Uzun süre tokluk hissimizin devam etmesi sonucu sağlıklı kilo verir, verdiğimiz kiloda kalır ve tabii ki gücümüzü kazanırız.

İşlem görmemiş olan bir yumurtanın içinde bulunan doğal vitamin, mineral, temel aminoasit ve Omega-3 düzeyleri eksilmemiş, bozulmamış ve yok olmamıştır.

İnsan vücudu, protein yapabilmek için yapı taşı olan aminoasitleri kullanır. Bazı aminoasitleri ise üretemez. Bu aminoasitleri gıdalarla ve yiyeceklerle almak zorunluluğu vardır. Sağlıklı bir organizma için yiyeceklerle mutlaka organizmaya girmesi gereken bu aminoasitlere temel ya da esansiyel aminoasit demekteyiz. Bir tam yumurtada, olmazsa olmaz olan 9 esansiyel aminoasit bulunmaktadır.

Organizmadaki bütün proteinlerin yapı taşı olan bu 9 temel aminoasidin, insan vücudu için önemini şöyle sıralayabiliriz:

- Yumurta proteini, insan proteinlerine en yakın olan proteindir.
- Esansiyel olan 9 aminoasitin tek kaynağı yumurtadır ve başka besinlerle vücudumuza giremezler.
- Lesitin temel bir aminoasit olarak yumurtada bulunan önemli yapı taşlarından biridir. Sağlıklı bir cilt, tırnak ve saçlar için gerekli olan bir aminoasittir.
- Yumurtanın temel ya da esansiyel aminoasitlerinden biri de 'kolin'dir. Kolin, karaciğer yağlanmasını önleyen, sinir iletilerini (asetilkolin olarak) kolaylaştıran ve bütün sinir sisteminin sağlıklı bir şekilde çalışması için şart olan bir aminoasittir.
- Tam bir yumurtada birçok doğal vitamin ve mineral de bulunmaktadır. Bütün bir yumurtada bulunan değerli vitamin ve minerallerin vücuda girmesi için, yumurtanın doğal bir şekilde az pişmiş olarak (trans yağlar oluşturmadan) tüketilmesi gerekmektedir.
- Rafadan veya kayısı kıvamında, suda haşlanmış olarak ya da bir tava içinde, düşük ateşte (kısa süre) saf tereyağı ile hafif karıştırıp (ateşi söndürüp ve tavanın kapağını kapatarak) kendi ısısında biraz yoğunlaşmasını bekleyerek yiyecek olursak, sağlığımız için gerekli ana besin maddelerini bozulmaksızın tüketiriz.
- Yumurtanın bağışıklık sistemini de kuvvetlendirdiği gösterilmiştir. Yumurtada bulunan temel aminoasitler bir proteinli hormon olan glukagon hormonunun salgılanması da sağlar.

Kuvvetli bir kahvaltıda bol protein yemenin ve glukagon hormonunun faydalarını birinci bölümde açıklamıştık.

Orta boy (50-60gr) bütün ve pişmemiş bir yumurta da bulunan doğal vitamin, mineral, protein ve aminoasitlerin miktarları şöyledir:

Doğal vitaminler

→ Vitamin A: 243 IU
→ Vitamin B6: 0,07 mg
→ Vitamin B12: 0,6 mcg
→ Vitamin D: 17 IU
→ Vitamin E: 0,75 mg
→ Folat: 24 mcg
→ Lutein & Zeaxanthin: 165 mcg *(gözlerde nokta körlüğünü önler)*
→ Riboflavin: 0,24 mg
→ Thiamin: 0,031 mg

Doğal mineraller

→ Çinko: 0,55 mg
→ Demir: 0,91 mg
→ Fosfor: 95 mg

Doğal protein ve aminoasitler

→ Alanine: 368 mg
→ Arginine: 411 mg
→ Aspartic asit: 665 mg
→ Choline (kolin):125 mg (*karaciğer yağlanmasını önler)*
→ Cystine: 136 mg
→ Glutamic asit: 838 mg
→ Glycine: 216 mg
→ Histidine: 155 mg
→ Isoleucine: 336mg
→ Leucine: 544 mg
→ Lysine: 457 mg
→ Methionine: 190 mg
→ Phenylalanine: 341mg
→ Proline: 257 mg
→ Protein: 6,3 g
→ Serinen: 486 mg
→ Threonine: 278 mg
→ Tryptophane: 83,5mg
→ Tyrosine: 250 mg
→ Valine: 430 mg

YUMURTA YEMEKTEN KORKMA...
ŞEKER VE TATLI YEMEKTEN KORK!

Beşinci Bölüm
KOLESTEROL TERÖRÜ

Yağlı yiyecekler kan kolesterolünü yükseltip, kalp hastalığına neden olmaz mı?

Bu sorunun iki cevabı vardır:

- Yağlı yiyecekler, kan kolesterolünü yükseltmez. Sadece karbonhidratlı yiyecekler, kanda trigliserid denen kan yağlarını yükselir. Asıl kan yağlarının metabolizmasını bozan ve onları zararlı hale getiren, tatlı, şeker, bal ve tatlandırıcılar; meyveler ve meyve suları; bütün şekerli içecekler ve yüksek glisemik indeksli karbonhidratlardır (pirinç, ekmek, tost vb).
- Daha önce de belirtmiş olduğumuz gibi, bilinenin aksine yüksek miktarda kolesterol içeren yiyeceklerin tüketilmesi sonucu, bu yiyeceklerde bulunan kolesterol, direkt kolesterol olarak hemen kana geçmez ve kan kolesterolünü yükseltmez!

Yiyeceklerde bulunan kolesterol, kan kolestorünü neden yükseltmez?

Klasik biyokimya ve biyoloji bilgilerimize göre, yediğimiz gıdaların hepsi bağırsaklarımızda yıkılır, parçalanır ve küçük moleküller olarak emilerek kanımıza geçer ve karaciğere ulaşır.

Benzer şekilde yiyeceklerde bulunan kolesterol de parçalanır ve bağırsaklardan (artık kolesterolle bir alakası olmayan) küçük moleküller olarak emilir, o şekilde karaciğere taşınır.

Karaciğerimiz bir fabrikadır. Kendine ulaşan çeşitli yapı taşlarından, organizmanın bütün ihtiyacına göre yağ, şeker ve protein üretir; kullanılmış ve yıpranmış olanları da safra şeklinde vücuttan dışarı atar.

Bir organizmada bulunan bütün hücrelerin ömrü ortalama üç ay kadardır. Üç ayın bitiminde her bir hücre yıpranır, yaşlanır, parçalanır ve organizmadan atılır. Sağlıklı bir organizmada parçalanmış ya da ölmüş olan hücrelerin yerine, sürekli olarak yeni hücreler yapılır.

İşte, karaciğerin en önemli görevlerinden biri her organın ihtiyacına göre, yeni hücrelere yapı taşı olan kolesterolü üretmektir.

Kolesterol zengini yiyecekleri hiç ağzımıza koymasak bile karaciğer ve bağırsakların iç yüzünü kaplayan zar dokusu (epitel doku), her gün sürekli bir şekilde 2,5 gr, yani 2.500 mgr taze kolesterol üretir. Yani ne yaparsak yapalım, insan organizmasında her gün 2.500 mgr taze kolesterol üretilir. Kolesterol insan vücudunun ürettiği en güçlü antioksidandır. Stres hormonunun ana maddesi kolesteroldür, bu nedenle stresli kişilerin kolesterolü koruyucu olarak yükselmektedir. Bu nedenle, stresli kişilerin kalp krizi geçirmelerinin nedeni de kan kolesterolü değil, aşırı stres olduğu bildirilmiştir. Kalp krizi nedenleri ve özellikle stres faktörü, kendisi de kalp hastalıkları uzmanı olan İskoçyalı Dr. Malcolm Kendick'in *The Great Cholesterol Con* adlı kitabında, açıklıkla anlatılmaktadır.[92]

Bu durumda kolesterol düşman değil, insan için hakiki bir dost konumunda! Yani son derece önemli temel bir yapı taşı mı oluyor?

Evet. Kolesterol, son derece önemli (olmazsa olmaz), temel bir yapı taşıdır. Öyle ki, kolesterol doğadaki tüm hayvanların doku ve organlarında bulunan her hücre zarının temel yapı taşıdır. Kolesterol olmasaydı dünyada insanlar ve hayvanlar oluşamaz, yaşayamaz ve hayatta olamazdı.

Kolesterolün faydalarını şöyle sıralayabiliriz:

- Karaciğer, safra yapımı için kolesterolü kullanır. Safra, yediğimiz yağların bağırsaktan emilmesi ve hazmedilmeleri için gerekli olan önemli bir salgıdır.
- Kanda bulunan kolesterol, organizmada bulunan bütün kolesterolün ancak beşte biri kadardır. Tüm kolesterolün geri kalan kısmı ise, yeni hücre yapımında kullanılır.
- Kolesterol, aynı zamanda 'östrojen', 'androjen', 'testesteron', 'progesteron' gibi bütün seks hormonları ve 'stres' hormonlarının yapımında da kullanılır. Saydığımız bu hayati önemi olan hormonların yapı taşı kolesteroldür.
- D vitamininin yapımında da, kolesterol kullanılır. Kuvvetli kemikler, sağlıklı sinir sistemi, sağlıklı büyüme, mineral metabolizması, kuvvetli adaleler, insülin yapımı, üreme ve güçlü bir bağışıklık sistemi için vücudumuzun D vitaminine ihtiyacı vardır.
- Kolesterol kuvvetli bir antioksidandır. Hücreleri serbest oksijen radikallerinin tahribatına karşı koruyarak; kalp damar hastalıkları, kanser hastalıkları ve dejeneratif hastalıkların gelişmesini önler.
- Beynimizde bulunan 'serotonin' (mutluluk hormonu) reseptörlerinin normal bir şekilde çalışmaları kolesterol sayesindedir. Çünkü reseptörlerin ana yapı taşı kolesteroldür.
- Sinir sistemimizde her an meydana gelen sinir uyarılarının iletilmesinde de, ileti kavşaklarında (snapslarda) bulunan alıcı ve verici reseptörlerin tümünün yapısında kolesterol bulunmaktadır. Kolesterol eksikliğinde si-

---

[92] Kendrick M., the Great Cholesterol Con: THE TRUTH ABOUT WHAT REALLY CAUSES HEART DISEASE AND HOW TO AVOID IT. Published by John Blake Pub.Ltd,.London W14 9PB, England, 2007.

nir uyarılarının iletilmesi bozulmaktadır.[93, 94, 95]

- Kolesterol beyin ve sinir sistemi hücrelerinin %60 kadarını meydana getirmektedir. Bu nedenle kolesterolü düşük olan kişilerde, depresyon, intihar yatkınlığı ve saldırganlık sık olarak görülür.
- Kolesterol hafızayı kuvvetlendirir.
- Bebeklerin önemli ve tek besin kaynağı olan anne sütü, kolesterolden son derece zengin bir temel besin maddesir. Bebek ve çocukların gelişimi sırasında, sinir sistemi ve beyinlerinin sağlıklı gelişmesi için, yüksek kolesterol içeren gıdalarla beslenmeleri şarttır.
- Bağırsak duvarlarının sağlıklı gelişmesi ve çalışması için kolesterol önemli yer tutar. Düşük kolesterolü olan kişilerde kolit gibi bağırsak bozuklukları sıklıkla görülmektedir.
- Kan kolesterolü, kesilen ve yaralanan dokularımızın tamir edilmesi için de kullanılır. Bu nedenle, iyileşmiş yara ve kesiklerde, ameliyat yerlerinde oluşan nedbe dokusunda (fibröz doku) fazla miktarda kolesterol bulunur. Kolesterol, yaraları iyileştirmek için o bölgelde birikmiştir.

Atar damarları tıkayan aterom plaklarını yani damarları tıkayan yağ ve kalsiyum birikintilerini kolesterol meydana getirmiyor mu?

Tabii, arterlerde tıkanıklık yapan yağ ve kalsiyum plaklarının, yani aterom plaklarının içinde fazla miktarda kolesterol bulunur.

Damarların iç yüzeyini kaplayan ince zar (endotel) tabakasında meydan gelen bir yaranın tamir edilmesi amacı ile organizma o bölgeye fazla miktarda kolesterol gönderir. Adeta, düşmanlarla savaşmak için tehlikeli bölgelere fazla miktarda askerin sevk edilmesi gibi, vücudun hasarlı olan her bölgesine iyileştirme amacı ile kolesterol gönderilir. Kolesterol birikimi, kalsiyum vb ile birlikte, damarın iç yüzeyinde meydana gelmiş olan hasarı düzeltmek için o bölgede adeta bir tıkaç oluşturur. Bu tıkaç, yani aterom dediğimiz oluşum, cilt yaralarının iyileşmesinde oluşan bağ dokusu (nedbe dokusu) gibidir.

Özetle kolesterol, vücudun hasar gören her bölgesine yaraları sarmak için seferber edilmektedir. Bu nedenle, bir organizmada meydana gelen bütün nedbe dokularının içinde ve aterom plaklarında fazla miktarda kolesterol bulunur.

---

[93] PurvinPurvin V., et al. Statin associated myastenia gravis: report of 4 cases and review of the literature. Medicine 2006; 85: 82-5.

[94] De Sousa E., et al. More evidence for association between statins and myastenia gravis. Muscle nerve 2008;38:1101-7.

[95] Goldstein MR.,et al. Dyslipidemia is a protective factor in amyotrophic lateral sclerosis. Neurology 2008;71: 956.

Kolesterolün bu görevini biraz daha ayrıntılı olarak açıklar mısınız?

Serbest okjijen radikallerinin, atar damarların iç yüzeyinde ve tüm vücutta yaygın bir şekilde meydana getirmiş olduğu zedelenmenin (inflamasyon/yangı) düzeltilmesi amacı ile karaciğer fazla miktarda kolesterol yapımına başlar. Bu nedenle, kan kolesterolü yükselir. Kolesterol damarların iç yüzeyinde (endotel) meydana gelmiş olan yangıyı tamir etmek amacı ile zedelenmiş bölgede birikir ve nedbe dokusunu oluşturur (aterom plağı). Kolesterolün görevi budur. Yani, bütün vücudumuz yaralarımızı sarmak için kolesterolü kullanmaktadır.

New York Üniversitesi'nde çalışan Patoloji Uzmanı Dr. Meyer Texon, "*Arterlerin sertleşmesi ve aterom plaklarının oluşmasında, yağları ve kolesterolü neden olarak göstermek; beyaz kan hücrelerinin enfeksiyon yaptığını ve ateşi beyaz kan hücrelerinin yükselttiğini düşünmeye benzer. Oysa enfeksiyonu ortadan kaldırmak amacı ile beyaz kan hücrelerinin savaşması ve dolayısı ile sayılarını artırması gerekmektedir*" demiştir.

Demek ki, kanda kolesterolün yüksek olarak bulunması, vücudun doğal bir korunma mekanızması oluşturmasının sonucudur.

Kolesterol bir hastalık nedeni değil, kabul edilenin aksine organizmada başlamış olan genel bir yangıyla mücadele etmek ve organizmayı korumak amacı ile yükselmiştir. Yüksek ateşin bir hastalık nedeni olmaması gibi, kan kolesterolünün yükselmesi de, hastalık nedeni değil, aslında vücutta oluşan bir hastalığın belirtisidir.

Karaciğere aşırı kolesterol üretmesi için bir yerlerden uyarlılar gelmektedir. Asıl yapılması gereken, karaciğere bu uyarıların neden ve nereden geldiğini bulmak ve onu düzeltmektir.

Karaciğere aşırı kolesterol üretmesi uyarıları nereden geliyor?

Karaciğere aşırı miktarda kolesterol üretmesi için gelen uyarıların kaynağı tüm vücutta meydan gelmiş olan, insülin ve leptin direnci sonucu gelişmiş (düşük düzey yangı) inflamasyondur.

Yüksek kan kolesterolünün yiyeceklerle bir alakası yoktur ve kolesterol ilaçları ile kanda düşürülmesinin de bir fayda sağlanmadığı artık bilinmektedir.

Kısaca statin denilen kolesterol ilaçları, kolesterol yapımını baskı altına almakta, fakat karaciğerden aşırı kolesterol yapımını durdurmamaktadır.

Bu bilgileri destekleyen birçok bilimsel çalışma bulunmaktadır.

Bu bilimsel çalışmalardan bazılarının sonuçları şöyledir:

- 2002 yılında *European Journal of Clinical Nutrition*'da yayınlanan bir çalışmada, Danimarkalı araştırmacılar 'koroner arter hastalığı' ile beslenme tipi arasında bir bağlantı bulunmadığını bildirmişlerdir.
- 2004 yılında *British Journal Of Nutrition*'da yayınlanan başka bir çalışmada, İsveçli araştırmacılar tereyağı ile beslenen bir grupta kalp hastalığı riskinin azaldığını, hatta tereyağının hastaları kalp krizinden koruduğunu bildirmişlerdir.
- Ünlü Framingham çalışmasında, araştırmacılar 47 yaşın üstünde olan erkeklerin kolesterol değerlerinin düşük ya da yüksek olmasının, ölüm oranlarında bir farklılık göstermediğini, her iki grupta da ölüm sayısının eşit olduğunu bildirmişlerdir. Otuz yıl süre ile izlenen bu erkeklerin kan kolesterollerinde görülen 1mgr'lık düşüş ile koroner arter hastalığı ya da diğer nedenlerle ölüm oranlarında %11 artış olduğunu bildirilmişlerdir. Yani diğer bir deyişle, erkeklerde kan kolesterolünün azalması ile ölüm oranı %11 artmaktadır.[96]
- 1992 yılında *Circulation*'da yayınlanan bir araştırmada, kadınların kolesterol düzeyleri ne kadar yüksek olursa olsun (1000 mg/dl), kalp hastalığı riskinin bulunmadığı gösterilmiştir. Aslında aynı çalışmada kadınlarda görülen düşük kolesterolün, yüksek kolesterolden daha riskli olduğunu da bildirmişlerdir. Yani diğer bir deyişle kadınlarda kan kolesterolü azalınca, kalp krizi riski artmaktadır.[97]
- Sinir hücrelerindeki sinapsların hücre zarlarında kolesterol düzeyi %10 kadar azaldığı anda, nörotransmitter'lerin yapımı ve salgılanması hemen inhibe olmaktadır.[98, 99]
- 1989 yılında *Lancet'de* yayınlanan bir çalışmada, kolesterol ilaçlarının kadınlarda kalp hastalığı riskini azaltmadığını gösterilmiştir.[100]
- Örneğin, Japonların kolesterolü normal olduğu için kalp krizi geçirme riskleri diğer bütün toplumlara oranla daha düşüktür. Bu bilgilere dayanarak, Japon toplumunda damar sertliği yani aterosklerozun hiç bulunmadığını düşünmemiz gerekir. Oysa 1985 yılında *American Journal of Cardiology*'de yayınlanan bir çalışmada, 659 Amerikalı ve 260 Japonun ana atar damar olan aortalarını inceleyen araştırmacılar, her iki grupta da (yaşları ne olursa olsun), aynı derecede damar sertliği bulunduğunu bildirmişlerdir.

---

96 Castelli WP et al.,Am J Cardiol 63, 12H-19H,1989.
97 Jacops D et al., Circulation 86, 1046-60, 1992.
98 Waseem TV., et al. Influence of cholesterol depletion in plasma membrane of rat brain synaptosomes on calcium-independent exocytosis. Neurosci Lett 2006; 405:106-10.
99 Albers B., et al. Molecular biology of the cell. Garland Science, 2002.
100 Forette B., et al. Lancet 1, 868-70, 1989.

- Ayrıca Tokyo'da bir geriatrik hastanede yapılan başka bir araştırmada, 1.408 Japon ve 5.000 Amerikalının beyin damarları incelenmiş. Her yaş grubundaki Japonların beyin damarlarında, Amerikalılara oranla daha fazla damar sertliği (aterosklerozun) bulunduğu bildirilmiştir. Aynı çalışmada, Japonların koroner arterlerinde Amerikalılara oranla daha az ateroskleroz bulunduğu gözlenmiştir. Yani, koroner arterleri normal bulunan bir hastada 'ateroskleroz' yoktur diyemeyiz. Bu tür bir hastanın da, beyin arterleri ya da diğer arterlerinde ateroskleroz gelişmektedir.
- 2003 yılında *American Journal of Cardiology*'de yayınlanmış olan başka bir çalışmada, kan kolesterolleri başarıyla düşürülen kişilerin, aterom plaklarında büyüme olduğu bildirilmiştir. Bu çalışmada hastalardan bir gruba düşük, bir gruba da yüksek doz kolesterol ilacı (statin) verilmiş ve hastalar bir yıl boyunca izlenmiştir. Bir yılın sonunda, kan kolesterolleri az ya da çok azalmış olan her iki grubun aterom plaklarında %9,2 oranında büyüme tespit edilmiştir. Dikkat: Burada kolesterol ilacı verilen bütün hastaların aterom plakları %9,2 oranında büyüyor, küçülmüyor.

Özetle görülüyor ki, kolesterolü normal olan kişilerin de kalp krizi geçirme yüzdeleri oldukça yüksektir (%50). Buna rağmen, nedense kalp krizinin nedeni olarak, en büyük ve tek suçlunun kolesterol olduğu ileri sürülmektedir.

Organizmada gelişmiş olan genel yangı/inflamasyon nedeni ile kan kolesterolü yükselir. Kan kolesterolü yüksek ve kronik böbrek yetersizliği olan hastalarda da kolesterolün bir risk olmadığı gösterilmiştir.[101, 102]

Kalp krizi geçiren bazı kişilerin yüksek kan kolesterolü olduğu bir gerçektir. Ancak, henüz hiçbir çalışmada kalp krizine yüksek kolesterolün bire bir neden olduğu gösterilmemiştir.

Kolesterol yüksekliği, kalp krizi nedeni değildir, kalp krizine eşlik etmektedir. Bu nedenle de, kalp krizi nedeni olarak gösterilmiştir.

Oysa kalp krizi geçiren hastaların yarısının, yani %50'sinin kan kolesterolü normaldir. Demek ki %50 kadar yüksek bir oranda, kan kolesterolü normal olan kişiler de kalp krizi geçirmektedir.

Damarların tıkanmasının nedeni kandaki yüksek kolesterol değildir. Asıl neden kanın pıhtılaşmasının artmış olmasıdır. Aspirinin (kanı sulandırdığı için) koruyucu olarak kullanıldığını senelerden beri biliyoruz. Aynı şekilde, Omega-3 de kanı sulandırmaktadır.

---

[101] Zoccali et al., Lancet 358, 2113-7, 2001.
[102] Bellomo G et al., J Nephrol 16, 245-51, 2003.

O zaman medyada yer alan yağ reklamlarının tamamı bir efsane oluyor! Yani "...... *margarin kolesterol içermez kalp sağlığınızı korur*" sözü tamamen hikaye mi?

Önceki bölümlerlerde de birkaç kez belirtmiş olduğumuz üzere margarinler, sıvı bitkisel yağların yani bol miktarda Omega-6 içeren yağların fabrikalarda birçok aşamadan geçirilerek, katı ya da yarı katı hale dönüştürülmeleri sonucu üretilmektedir. Bu işlemler sırasında rafine edilerek faydalı öz yağlarından (Omega-3) arındırılırlar. Rafine sıvı yağlar da bu nedenle sağlıklı değildirler. Ayrıca sıvı yağların kokuları giderilsin diye ek kimyasallar eklenir, katılaştırmak için de batı ülkelerinde domuz yağı, bizim ülkemizde de kuyruk yağı ya da daha ucuz hayvansal katı yağlar ilave edilir. Çoklu doymamış oldukları ve çok çabuk bozulabildikleri için, yüksek ısı ve yüksek basınç altında (nikel ve kadmiyum iyonları eşliğinde) hidrojen iyonu pompalanarak (hidrojenizasyon işlemi) katı ya da yarı katı, trans yağ içeren, bozuk yağlar haline dönüştürülürler. Ayrıca renkleri de göze hoş gelsin diye bazı kimyasallar kullanılarak ağartılırlar. Sonuç olarak, bütün margarin türleri, trans yağ içerdikleri için sağlığa zararlıdır. Çünkü trans yağ içermeyen margarin üretmek mümkün değildir. Bu bağlamda tekli doymamış olduklarından dolayı ısıya dayanıklı olan doğal tereyağı, sızma zeytinyağı ve fındık yağı her zaman daha sağlıklıdır.

YÜKSEK KOLESTEROLDEN KORKMA...
KARACİĞERİ YAĞLANDIRAN
YÜKSEK KAN ŞEKERİNDEN KORK!

Altıncı Bölüm

KIRMIZI ET SAĞLIKLIDIR

Kırmızı et zararlı değil mi? Kolesterolü yükseltmez mi?

Kırmızı et kan kolesterolünü yükseltmez. Bu anlamda yasaklanması doğru değildir! Öncelikle, bütün kırmızı etlerin aynı olmadığını ve tek bir sepet içinde aynı ürünmüş gibi kabul edilmesinin son derece yanlış olduğunu anlamamız gerekir.

Biyolojik ve biyokimyasal bileşimleri açısından bütün kırmızı etlerin eşit olduğunu kabul etmemiz, bilimsel olarak mümkün değildir. Bu nedenle, kırmızı et derken, hangi kırmızı etten bahsettiğimizi bilmemiz gerekir.

Aynı bölgede yetişen sığır, koyun, kuzu, keçi, geyik vb hayvanların etlerinin lezzetleri birbirinden çok farklıdır. Ülkemizde Van, Gaziantep, Konya illerinde ya da Toroslar ve Trakya bölgesinde yetişen hayvanların etinin lezzeti ve tadı hiçbir zaman aynı değildir.

Kuzu, koyun, dana eti ile sığır etlerinin lezzetleri de birbirinden çok farklıdır. Ülkemizin doğusunda, batısında ya da güneyinde yetişen hayvanların etleri aynı olabilir mi? Ya da Kuzey ve Güney Amerika, İngiltere, Rusya, Yeni Zelanda, Avusturya, Avustralya, İskoçya, Doğu, Batı ve Güney Avrupa, Orta Doğu ve Türkiye'de hayvanların beslenme, büyüme, kesilme ve pişirilmeleri aynı şekilde ve tek tip midir? Yöresel ve ülkelerarası farklılık hiç mi yoktur?

Örnek olarak; büyüme ve gelişme hormonu stilbestrol verilerek büyütülüp, geliştirilen ve suni yemlerle beslenen sığır eti ile açık havada çayırlarda serbest olarak dolaşan özgür koyun, kuzu, dana etlerinin (ülkemizde en çok bunlar tüketilmektedir) kimyasal yapı ve içerikleri aynı mıdır? Tabii ki değildir.

Bu alanda yapılan bilimsel araştırmalar çeşitli hayvan türlerinin kırmızı etlerinin kimyasal yapılarının farklı olduklarını göstermiştir. İstatistiksel olarak bir elma ile bir armudu mukayese edemeyeceğimiz gibi, çeşitli hayvan kaynaklı kırmızı etleri de tek tip olarak kabul etmemiz bilimsel olarak kabul edilemeyecek bir gerçektir.

Bir örnek verecek olursak, çayırlarda serbestçe dolaşan kuzuların ve 3 yaşlarında genç olan hayvanların kasları içinde faydalı bir yağ asidi olan 'oleik asit' ve Omega-3 bulunur. Önceki bölümlerde ayrıntılı bir şekilde anlatmış olduğumuz, zeytinyağında bulunan 'oleik asit' ve Omega-9 tekli doymamış olan faydalı bir yağdır. Aynı şekilde çoklu doymamış olan Omega-3' de son derece faydalı olan temel bir yağdır.

Oysa stilbestrol gibi büyüme hormonu ile büyütülüp, suni yemlerle aşırı şekilde yağlandırılan yaşlı ve iri sığırların adaleleri içinde zararlı bir yağ olan 'stearik asit' oluşmakta ve depo edilmektedir. İşte kırmızı etleri zararlı hale getiren, adalelerin içinde aşırı miktarda birikmiş olan bu 'stearik asit' yağıdır.

Kızartma ve mangalda ızgara yapılan etlerin stearik asidi, hemen trans yağa dönüşür. Kırmızı etleri sağlığa zararlı hale sokan trans yağlardır.

Korkulan düşük yoğunluklu LDL kolesterolün yapımını, trans yağlar artırdığı gibi 'stearik asit' de artırır. LDL'nin bozularak okside olması ve tehlikeli hale gelmesine neden olur. Özetle, kırmızı etler direkt olarak kolesterolü etkilemez. Kolesterol, doğallıklarını kaybetmiş ve bozuk olan trans yağlar ve 'stearik asit' yağlarının genel metabolizmayı bozmaları sonucu yükselir. Yani büyüme hormonu ve suni yemle beslenmemiş, özgürce dolaşarak doğal otları otlayan kuzu, dana ya da koyun eti yemenin (doğru usullerle pişirildiğinde) bir sakıncası yoktur! Aksine faydası vardır...

Kırmızı et proteinlerinin faydaları neler?

İnsan vücudunun birçok açıdan hayvansal proteine ihtiyacı vardır. Kırmızı et proteinleri, sağlıklı beslenme açısından doğal ve yoğun protein kaynağıdır.

Kırmızı et proteinlerinin faydalarını şöyle sıralayabiliriz:

- Glisemik indeksleri sıfır olan (doğal beslenmiş hayvanların) kırmızı et proteinleri, önceki bölümlerde işaret ettiğimiz gibi kilo vermeyi başlatır, zayıf ve dinç kalmayı sağlarlar.
- Vücudumuzda, katabolizma (yıkılma) ve anabolizma (yeni hücre yapımı) gibi fizyolojik döngünün sağlanmasında proteinler başrolü oynarlar.
- Kasların gelişmesini, yıkılan dokuların yeniden yapımını ve onarımını sağlarlar.
- Sinir dokularının yapımını, gelişmesini sağlarlar.
- Antikor yapımını artırarak bağışıklık sisteminin güçlendirirler.
- İnsülin, glukagon gibi hormonların ana maddeleridir.
- Proteinlerin en önemli fonksiyonlarından başka biri de, karaciğer yağlarının yıkılması için gerekli olan glukagon hormonunun yapımını artırmalarıdır.
- Glukagon hormonunun etkisi ile karaciğerde birikmiş olan yağların yıkılarak enerji için kullanıldığını daha önceki bölümlerde anlatmıştık. Glukagon hormonu salgılandığı sürece, insülin hormonu yapımı durur, tokluk hissi uzun süre devam eder ve acıkma hissi gelişmez.
- Kırmızı et kolesterolü yükseltmez (doğru pişirildiği zaman) bilakis yükselmesini önler. Karaciğer yağlanmasını önler, düzeltir ve sonuç olarak da kan yağları normalleşir.

Peki, o zaman neden "*Kırmızı etler kansere neden olur*" deniyor?

Kanser nedeni olan trans yağlardır. Kırmızı etin kanser yaptığını bildiren çalışmaların yapıldığı ABD gibi ülkelerde, ülkemizde olduğu gibi, kuzu, keçi, koyun ve dana etleri tüketilmez. ABD'de aşırı miktarda sığır ve domuz eti tüketilir. Sığır ve domuzların beslenmeleri, kesilmeleri (kan akıtılmaz), etlerinin saklanıp pişirilme ve de tüketilme yöntemleri de tamamen bizim yöntemlerimizden farklıdır.

Hayvanlarımızın kanı akıtılarak kesilmesi, etlerimizin hazırlanması ve pişirme yöntemlerimiz onlardan tamamen başkadır. Ülkemizde (kıyma şeklinde) son derece az miktarda sığır eti tüketilir.

Kırmızı etin kanser yaptığı bildirilen ülkelerde, kırmızı et olarak daha çok iri sığırlar, öküzler (buffalolar) tüketilmektedir.

Bu tür hayvanların etlerinin özelliklerini ve kansere sebep olma nedenlerini şöyle sıralayabiliriz:

- Hayvanlar, kanları akıtılmadan değişik bir yöntemle öldürülür.
- Stilbestrol hormonu (büyüme ve yağlanma hormonu) ile yağlandırılıp, geliştirilmişlerdir.
- Suni yemlerle beslenmişlerdir.
- Yaşlı, iri sığır, öküz (buffalo) ve domuzların etleri içinde oluşmuş olan 'stearik asit' ve trans yağlar asıl kanser nedenidir.
- Ayrıca ülkemizdekinin aksine, bu hayvanların etleri iki üç parmak kalınlığında kesilip, yarım kilo olarak mangalda ya da sıvı yağda kızartılarak yemeğe hazırlanırlar.
- Mangalda ya da sıvı yağda kızartma sırasında yüksek ısı nedeni ile 'stearik asit'ten fazla miktarda trans yağlar oluşur.
- İşte asıl kanser nedeni, bu kırmızı etlerin hazırlanış ve pişirilmeleri sıralarında fazla miktarda oluşan, doğallıklarını kaybetmiş ve bozulmuş olan trans yağlardır. Kırmızı etlerin kendisi kanserojen değildir. Trans yağların kansere sebep olduklarını önceki bölümlerde ayrıntılı bir şekilde açıklamıştık. Bu nedenleri göz önüne aldığımızda, bilinenin aksine ülkemizde kırmızı etlerden korkmamız gerekmez. Genç hayvanların, işlem görmemiş kırmızı etleri sağlıklıdır, tüketilmesinin sakıncası yoktur. .

Kilo vermek ve de verdiğimiz kiloda kalmak istiyorsak, her gün 4-5 kalem kuzu pirzolası, dana biftek, bonfile ya da etli sulu yemeklerini (hiç olmazsa bir öğünde) korkmadan, suçluluk hissetmeden rahatlıkla tüketmeliyiz. Kırmızı etlerin sağladıkları demir, protein ve vitaminler bağışıklık sistemimizi kuvvetlendirerek sık sık hastalanmamızı önlerler.

Ülkemizde en lezzetli yiyeceklerimiz arasında bulunan, doğallığını kaybetmemiş olan kırmızı et çeşitlerinden biri pastırmadır. Bu bağlamda, açık havada, gün ışığında dağlarda koşan, özgür olarak çayırlarda beslenen keçi ve diğer av hayvanlarının etleri de son derece sağlıklıdır. Ancak salam, sosis, sucuk gibi işlem görmüş şarküteri etleri, fazla miktarda nitrat içerirler. Kızartılarak tüketilen bu etlerde aşırı miktarda trans yağ meydana gelir. Trans yağlarla birlikte, aşırı miktarda nitrat tüketilmesi kanser nedenidir.

KIRMIZI ETDEN KORKMA...
KARACİĞERİ YAĞLANDIRAN
ŞEKERLER VE MEYVELERDEN KORK!

Yedinci Bölüm

FINDIK, FISTIK ÇITIR ÇITIR, HEM KAN YAPAR, HEM ISITIR

Yağlı olan fındık, fıstık, ceviz, badem vb kuruyemişler kilo aldırmaz mı?

Kuruyemişler kilo aldırmaz. Fındık, fıstık, ceviz, badem vb gibi kuruyemişler, glisemik indeksleri (%0-20) düşük olduğu için kilo aldırmazlar, aksine kilo verdirirler. Aynı zamanda, kabak ve ayçiçeği çekirdekleri de kilo aldırmaz.

Kuruyemişler, doğal olan Omega-3, Omega-6, Omega-9, ayrıca birçok aminoasit ve yoğun bitkisel protein kaynağıdırlar. Doğanın vitamin ve mineral deposu olarak kabul edilirler.

Örneğin 100 gr yerfıstığının (bir ince belli çay bardağı kadar) içerdiği besin türleri ve değerleri şaşırılacak kadar zengindir. Yerfıstığı aslında fıstık değildir ve baklagiller ailesindendir. Bu nedenle bazı kişilerde alerji nedeni olabilir. Acımış durumda ve küflü olanlarını tüketmemek gerekir.

100 gr çiğ (kavrulmamış) yerfıstığında bulunan besin, yağ, mineral ve aminoasit değerleri şöyledir:

Besin değerleri

→ Toplam kalori: 594
→ Karbonhidrat:25,35 gr
→ Lif: 9 gr
→ Lipid: 51,45 gr
→ Posa: 4,15 gr
→ Protein: 17,30 gr

Toplam asit değerleri

→ Doymuş yağ asitleri: 6,899 gr
→ Çoklu doymamış yağ asitleri (Omega-3 ve Omega-6): 10,768 gr
→ Tekli doymamış yağ asitleri (Omega-9): 31,395 gr

Mineraller

→ Bakır (Cu): 1,279 mg
→ Çinko (Zn): 3,80 mg
→ Demir: 3,70 mg
→ Fosfor (P): 435 mg
→ Kalsiyum (Ca): 70 mg
→ Magnezyum: 225 mg
→ Manganez (Mn): 1,937 mg
→ Potasyum (K): 597 mg
→ Sodyum (Na): 12 mg

Aminoasitler

→ Alanine: 0,806 gr
→ Arginine: 2,242 gr
→ Aspartıc asit: 2,056 gr
→ Cystine: 0,287 gr
→ Glutamic asit: 4,423 gr
→ Glycine: 1,064 gr
→ Histidine: 0,480 gr
→ Isoleucine: 0,744 gr
→ Leucine: 1,371 gr
→ Lysine: 0,712 gr
→ Methionine: 0,228 gr
→ Phenylalanine: 0,953 gr
→ Proline: 0,875 gr
→ Serine: 0,917 gr
→ Threonine: 0,597 gr
→ Tryptophan: 0,264 gr
→ Tyrosine: 0,676 gr
→ Valine: 0,934 gr

Vitaminler

→ Vitamin A: 15 IU
→ Vitamin B-6: 0.296
→ Vitamin C (total ascorbic asit): 0,4 mg
→ Folat: 50 mcg
→ Niacin: 4,700
→ Pantothenic asit: 1,205
→ Riboflavin: 0,200
→ Thiamin: 0,200

Harvard Tıp Fakültesi'nde yapılan kapsamlı bir çalışmada, karışık kuruyemişlerin faydaları gösterilmiştir. Haftada 4-5 kez, bir su bardağı kadar karışık kuruyemiş tüketen 85.000 sağlıklı hemşire 16 sene boyunca izlenmiş ve bu hemşirelerde şeker hastalığı riskinin anlamlı bir şekilde azaldığı bildirilmiştir. Aynı şartlarda izlenen kontrol grubunda, yani hiç kuruyemiş tüketmeyen hemşirelerde ise, şeker hastalığı riskinin anlamlı şekilde artmış olduğu gösterilmiştir.[103] Tarihten örnek verecek olursak, Roma İmparatorluğu döneminde ruh hastalarına beyine benzediği için ceviz yediriliyormuş.

Kuruyemişleri çerez olarak değil de, düşük glisemik indeksli (%0-20) olduklarından dolayı, büyüme çağındaki çocukların, gençlerin, gebeler ve kilo vermek isteyenlerin önemli besin kaynağı olarak tüketmeleri çok önemlidir.

Kuruyemiş tüketen gerek TİP I, gerek TİP II şeker hastalarının, kan şeker kontrolleri daha rahat olmakta ve insülin ihtiyaçları da azalmaktadır.

Yüksek glisemik indeksli gıdalar, şekerli içecek, meyve ve meyve suları gibi (aşırı fruktoz yani meyve şekeri içeren) yiyecek ve içecekler aşırı miktarda tüketilmediği takdirde, çocuklarımızın karaciğerleri yağlanmaz.

11-15 hatta daha küçük yaşlarda göbekleri çıkmaz ve göbekleri önde dolaşmazlar. Bu şekilde beslendikleri takdirde, kilo almazlar ve aldıkları fazla kiloları da rahatlıkla vererek, sağlıklı büyür ve gelişirler.

Çocuklarımızı küçük yaştan itibaren sevdikleri, istedikleri ve merak ettikleri bir spora başlatmamız şarttır. Ana babaların en önemli görevlerinden biri de budur. *"Ye kızım ye, ya da ye oğlum ye!"* diye çocukları yemeye zorlamak doğru değildir.

103 Kris-Etherton PM, et al. The effects of nuts on coronary heart disease risk. Nutr Rev 2001;59:103-11.

Sekizinci Bölüm

EFSANE DİYETLER

Burada hangi diyetleri kastediyorsunuz?

Tabii ki mucize olarak önümüze sunulan tercüme diyetleri! Diğer ülkelerde yaşayan insanlar Türk halkı gibi beslenmez ve aynı şekide yaşayamazlar. Bu nedenle, oralarda piyasaya sürülen her yeni diyet listesi tercüme edilerek, bir muzice olarak bizlere uygulatılmaya çalışılıyor. Yıllardan beri piyasalara birçok yeni diyet listesi çıkmaktadır. Bu diyet listelerinden herhangi biri eğer başarılı olabilseydi, her ay yeni bir diyet listesine ihtiyaç duyulmazdı! Tercüme diyetlere kısa bir süre uyum sağlayabilen kişiler bile 3-4 hafta sonra kendi (eski) alışkanlıklarına dönmek zorunda kalıyor ve verilen kiloları da artarak geri alıyorlar. Bu duruma ani kilo verip alma yani 'yo-yo diyet' deniliyor. Yo-Yo diyetlerin başarılı olamamasının önemli nedenlerinden biri de, kilo vermek isteyenlerin büyük bir çoğunluğunda insülin ve leptin direncinin gelişmiş olmasıdır. Daha önce de ifade etmiş olduğumuz üzere, insülin ve leptin direnci kırılamadığı sürece, kalori azalması sonucu birkaç kilo verilse bile, verilen kilolar birkaç hafta sonra fazlası ile geri alınmaktadır.

Tercüme diyetler hiç faydalı olmuyor mu?

Hayır. Maalesef tercüme diyetler halkımız üzerinde hiç faydalı olmuyor. Çünkü ülkemiz bir Akdeniz ülkesidir. Akdeniz beslenme şekli en sağlıklı beslenme şeklidir. Batı ülkelerinde uygulanmakta olan diyetler kendi halklarının alışkanlıkları ve yaşam biçimleri göz önünde bulundurularak hazırlanmaktadır. Bu listeler doğal olarak kendi ülkelerinde yetişmekte olan ve elde edilen besin maddelerine göre düzenlenmektedir.

Batı ülkelerinde hazırlanan diyet listelerinin, bizim yemek biçimimiz, alışkanlıklarımız ve yaşama şeklimiz ile hiçbir alakası yoktur. Elimizdeki diyetlerin büyük bir çoğunluğu ABD'deki diyetisyen ve beslenme uzmanlarının hazırladıkları listelerdir ve tamamen tercümedir. Oysa ABD ve batıda yaşayan halkın yaşam ve beslenme şekilleri bizimkinden çok farklıdır. Bu nedenle, tercüme diyet listelerini uygulamak bizlere pek faydalı olamıyor. Ne yazıktır ki, bütün diğer toplumları da kendimiz gibi yiyen içen ve de yaşayan (tek tip toplum) bir toplum olarak algılıyor ve bizlere sunulan bu diyet listelerini bilinçsiz bir vurdumduymazlıkla uygulamaya kalkıyoruz. Bundan dolayı da başarılı olamıyor, sürekli olarak kendimizi suçlayıp, suçluluk içinde yaşıyoruz.

Ne yaparsak yapalım kısa bir süre sonra çocukluğumuzdan beri alışkın olduğumuz, kolaylıkla ulaşabildiğimiz, bütçemizi zorlamayan, pişirmesini bildiğimiz, güncel besin türüne dönmek zorunda kalıyoruz.

Diğer ülkelerin beslenme şekillerinin, bize göre farkları neler?

Ülkelerarasında var olan yaşam ve kültür farklılıkları, doğal olarak yemek hazırlama ve yeme alışkanlıklarına da yansımaktadır.

Örneğin, ABD halkının günlük beslenmesinde pişmiş bir aş ya da sebze yemeği, kıymalı yeşil fasulye vb gibi bir tabak sıcak sulu yemek yoktur. Yani onların büyük bir çoğunluğu, hayatlarında bir zeytinyağlı ya da kıymalı yeşil fasulye yemeğini ne tabağına ne de ağzına koymuştur! Bir tabak kapuska yemeğinin kokusunu dahi duymamışlardır. Yoğurtlu bir kabak, biber ya da patlıcan dolmasını; zeytinyağlı ya da kıymalı bir yaprak, pazı, beyaz veya karalahana sarmasını hayatları boyunca görmemişlerdir.

Bir kâse sade yoğurt ya da ayranın tadını bilmezler. Mercimek, ezogelin, tarhana, yayla vb çorbaları pişirmemiş ve içmemişlerdir.

Mercimek yemeği, mercimek köftesi, bulgur pilavı veya bulgur köftesi yememişlerdir. Bulgur yapma ve pişirme kültürleri, yoğurt mayalama alışkanlıkları yaşamlarında olmadığı için, bu besinlerin adı hiçbir diyet listesinde yer almaz. Oysa bu gıdalar en faydalı besinlerin başında gelmektedir. Damak tatları ve alışkanlıkları, bize göre tamamen farklı olduğu için, sabah kahvaltısında beyaz peynirin yanında, zeytinyağı içinde; limonlu, kekikli, kırmızı pul biberli yeşil ya da siyah zeytin yemezler. Hayatlarında, kokteyller dışında (o da ender olarak) bir siyah ya da yeşil zeytin ağızlarına koymamışlardır.

Beyaz peynir ile birlikte salatalık, domates, yeşilbiber, maydanoz vb yeme alışkanlıkları da yoktur. Alışkın olmadıkları için verseniz bile yiyemezler.

Yemekleri ile birlikte zeytinyağı, sirke ve limonlu olarak hazırlanmış zeytinli bir çoban salatası yemezler. Zeytin ve zeytinyağı asırlardan beri Akdeniz ülkelerinde doğal ve sağlıklı bir şekilde kullanılmaktadır. Buna rağmen, tercüme diyetlerde zeytin ve zeytinyağı adına kolay kolay rastlamayız. Ancak bütün yeşil yapraklı salatalarını çeşitli 'ağır trans yağlarla dolu salata sosları' ile tüketirler. Ceviz, fıstık, fındık, badem gibi kuruyemişler en sağlıklı meyveler olduğu halde, tercüme diyet listelerinde kuruyemiş ve çekirdekler yoktur. Ancak son zamanlarda kuruyemiş olarak bazı listelerde 2 veya 3 adet ceviz önerilmektedir.

Peki, ABD'de yemeklerde ekmek yenir mi?

ABD halkı yemeklerinde son derece az ekmek tüketir. Sabah kahvaltısında ve yemeklerinde hiçbir zaman bizim kadar ekmek tüketmezler, daha doğrusu tüketemezler. Uzakdoğu ülkeleri olan Çin ve Japonya'da da hiçbir öğünde ekmek yenmez. Çünkü ekmek yeme kültürleri yoktur. Buna karşın ülkemizde ekmek en önemli besin maddelerinden biridir ve aşırı bir şekilde tüketilmektedir. Türkiye'de bir yılda kişi başına 200-250 kg ekmek tüketildiği bildirilmiştir.

Yaşam biçimimizde ne gibi farklar var?

Beslenme alışkanlıklarımızın çok farklı olmasının yanı sıra, batı ve doğu toplumlarına oranla hareketli ve aktif bir yaşam biçimi alışkanlığımız da yoktur. Maalesef bizim halkımız sporu sevmez ve spor yapma merakı yoktur. Oldukça yüksek bir genç nüfusumuzun olmasına rağmen (40-50 milyon), gençlerimizde (yaygın olarak) hiçbir spor alışkanlığı gelişmemiştir. Halkımızın genelinde fizik aktiviteleri yok denecek kadar azdır.

Batı ve doğu ülkelerinde, toplum giderek yaşlanmakta ve yaşlı oranı genç nüfusa oranla giderek artmaktadır. Buna rağmen, bu ülkelerde her yaşta insanın fizik aktivitesi oldukça yüksektir.

Örneğin ABD, İngiltere, diğer Avrupa ülkeleri ve Uzakdoğu ülkelerinde, çocuklar anaokulundan itibaren bütün eğitim süreleri içinde mutlaka bir tam gün ya da yarım gün, sevdikleri bir spor ya da jimnastiği ciddi bir şekilde yapmak zorundadırlar. Aksi takdirde sınıf atlayamazlar.

Çocukluktan itibaren bu şekilde yetişen ve yaşayan halk da, işi olsun olmasın her sabah 1 saat sporunu yapar ve daha sonra bisikletine binerek okul ya da işine bisikleti ile gider ve gelir. Bu ülke şehirlerinde, bütün yollar ve çevre düzenlemesi, yol yürüyen ya da bisiklete binen halk düşünülerek planlanmıştır.

Oysa halkının sağlığını düşünen ve bütün dünyada ilk kez Türkiye'deki okullarda jimnastik dersini zorunlu kılan büyük devlet adamı Mustafa Kemal Atatürk bizim ülkemizden çıkmasına rağmen, günümüzde ülkemizde spora çok az zaman ayrılmaktadır. Yetişme çağımızda fizik aktivitemiz yok denecek kadar az olduğu için, bir alışkanlık geliştirmemiş olan bizler, yaşımız ilerledikçe hareket etme şartı arttığı halde tersini yapmakta, köşemize çekilip mümkün olduğu kadar az hareket etmekteyiz.

Yaş ilerledikçe, fizik aktivitenin de giderek artırılması, sağlıklı yaşama, yaşlanma ve hastalıkların önlenmesi için şarttır.

Tercüme diyet listeleri herkese ayrı şekilde verilmiyor mu?

Tercüme listelerin birçoğu tek tip olmaktadır. Yani tek bir boy gömlek, her yaş ve cinsteki insana giydirilmek istenmektedir. Oysa ülkemizde 70 milyon insan varsa, 70 milyon yaşama şekli, alışkanlık ve beslenme şekli var demektir.

Beslenme biçimimiz yaşa, cinse ve faaliyet düzeyine göre, kişiye özel olarak hazırlanmalıdır. 20-30 yaşlarında bir gencin veya doğurganlık çağında ya da hamile olan bir hanımın ihtiyacı olan enerji miktarı ile 40-50 yaşlarında olan bir kişinin günlük enerji (kalori), vitamin ve mineral ihtiyacı aynı düzeyde değildir. Hele kadınlarda menopoz ve erkeklerde andropoz döneminde, günlük enerji ihtiyacı oldukça azalmakta, vitamin ve mineral ihtiyacı da artmaktadır.

Yani bir sepet elma ile bir sepet yumurta aynıymış gibi kabul edilemez!

Tabii bir de yabancı diyetlerin çoğunda alkol yer alıyor. Alkol insan vücudunu nasıl etkiliyor?

Alkol kan dolaşımına çok çabuk geçer ve kan şekerini büyük bir hızla yükseltir. İnsülin ve leptin direncini tetikler. Bu nedenle kilo vermek isteyen obezlerin ve şeker hastalarının alkol kullanmaları son derece sakıncalıdır.

Alkolün, beyin, kalp ve karaciğer hücrelerini sürekli bir şekilde tahrip ettiği bilimsel çalışmalarla gösterilmiştir.

Dokuzuncu Bölüm
BİR HAFTALIK ÖRNEK MÖNÜ

Sağlıklı bir şekilde, nasıl beslenmeli ve yaşamalıyız? Yani bizim hakiki diyetimiz nasıl olmalı?

Akdeniz mutfağına sahip olan Türk mutfağı, dünyanın en lezzetli ve sağlıklı mutfağıdır. Ancak, daha önceki bölümlerde açıkladığımız gibi Türk mutfağında bazı besinler hazırlanış ve yanlış pişirilme şekilleri ile sağlığımıza zararlı hale dönüştürülmektedir. Akdeniz mutfağında kısıtlanması gereken, sağlığa zarar veren besin bulunmaz. Bütün besinler doğal olarak tüketildikleri zaman, mutlaka sağlığımıza bir yarar sağlamaktadır.

İnsan doğasında kısıtlamalara karşı bir direnç vardır. Bu nedenlerle yasaklamalar ve kısıtlamalarla başarı elde edilememektedir. Burada, genel olarak temel alınacak bir haftalık örnek beslenme planı vermek uygulamada kolaylık getirecektir. Görüleceği gibi bu beslenme planı bir-iki zararlı olan yasağın dışında, sıkı yasaklarla dolu bir liste değildir. Hayat boyu uygulanması gerekli olan ve kolaylıkla uygulanabilecek, bir tür sağlıklı beslenme ve yaşam tarzının benimsenmesi için hazırlanmış önerilerdir. Prensip olarak, ne yemeyeceğimizi değil de, neler yiyeceğimizi düşünmemizi öneren bir listedir.

Çocukluğumuzdan beri alışmış olduğumuz, annelerimizin her gün sofrada önümüze getirdiği yemeklerden oluşmaktadır. Yemekleri tabağımıza koyarken (tartı ve miktar hesabı yapmadan), rahatlıkla uygulanabilecek örneklerdir.

Karatay Diyeti, sağlıklı beslenme ve yaşam biçimi bakımından, aklımızı kurcalayan birçok soruya cevap vermek ve yönlendirici olmak amacı ile kaleme alınmıştır.

Eski bir Çin atasözüne göre, iyi hazırlanmış bir yemek tabağında dört önemli unsur bulunmalıdır:

1. Renkleri ile göze hitap edebilmelidir.
2. Nefis kokusuyla duyguya hitap edebilmelidir.
3. Çıtır sesi çıkararak kulağa hitap edebilmelidir.
4. Lezzeti ile ağza hitap edebilmelidir.

Peki, bu Çin atasözündeki dört unsur, iyi hazırlanmış bir yemek tabağı için yeterli mi?

İyi bir yemek tabağı için bu dört unsur bizim için tam olarak yeterli değildir. Sağlığını düşünen kişiler için, bunlara ekleyeceğimiz bazı önemli unsurlar bulunmaktadır:

- İyi kaliteli protein içermelidir.
- Düşük glisemik indeksli gıdalar içermelidir.

- Doğal tereyağı, zeytinyağı veya balık yağı (Omega-3) içermelidir.
- Gerekli vitaminleri içermelidir.
- Gerekli emilebilen mineralleri içermelidir (kalsiyum, demir vb).
- Günde üç öğünden fazla yemek yenmemelidir.
- Akşam saat sekizden sonra bir şey atıştırılmamalıdır.

Bir haftalık örnek bir mönüde bulunabilecek gıdalar ve yemek saatleri şöyle planlanabilir:

PAZARTESİ

Kahvaltı (08.00-09.00):

→ İki adet yumurta (özgür tavukların doğal yumurtası)
Suda haşlanarak rafadan ya da kayısı kıvamında hazırlanmış
Tereyağında peynirli omlet de yapılabilir
→ 8-10 adet tuzu alınmış yeşil ya da siyah zeytin
→ Bir avuç içi kadar beyaz peynir,
→ 4-5 adet gün kurusu kayısı
→ Şekersiz bitki çayı, su ya da meyve çayı
→ Bir (ince belli) çay bardağı ceviz içi
Ekmek yerine beyaz peynirle birlikte yenebilir. Cevizler mümkünse yeni kırılmış olmalıdır.

Öğle yemeği (13.00-14.00):

→ Bir avuç içi kadar dana söğüş, bol salata ve zeytinyağlı fasulye
Salata olarak dilimlenmiş ya da rendelenmiş turp ve havuç veya mevsim salatası, doğal sirke, limon, az miktarda kristal kaya tuzu ve sızma zeytinyağı ile hazırlanmalıdır.
→ Bir su bardağı tuzsuz ayran
→ Arzu edildiği kadar şekersiz bitki çayı ya da su

Ara öğün/şart değil (15.00):

→ Yarım su bardağı kadar ceviz
→ Şekersiz olarak sevdiğiniz herhangi bir çay ya da taze limonlu su

Akşam yemeği (18.00-19.00) :

→ Balık, yeşil soğan, roka ve turp

- *Salata bol miktarda hazırlanıp, içine, doğal sirke, limon, az miktarda kristal kaya tuzu ve sızma zeytinyağı ile birlikte tane keten tohumu ilave ederek hazırlanmalıdır.*
- *Akşam saat 19.00-20.00'den sonra meyve dâhil hiçbir şey yenilmemeli.*
- *Bol su, taze limon eklenmiş olarak içilebilir.*
- *Mümkünse, yatmadan önce 30-40 dakika kadar yürüyüş yapmalı.*

SALI

Kahvaltı (08.00-09.00):

→ Kayısı kıvamında suda haşlanmış iki yumurta

Saf tereyağı ya da zeytinyağı ile omlet veya menemen de yapılabilir

→ 8-10 adet tuzsuz zeytin

→ Bir avuç içi kadar beyaz peynir

→ 2-3 adet çarliston yeşilbiber

→ 5-6 adet minik domates

→ Şekersiz çay ya da süt

→ Bir (ince belli) çay bardağı fındık

Ekmek yerine beyaz peynirle birlikte yenebilir. Fındıklar mümkünse yeni kırılmış olmalıdır.

Ara öğün/şart değil (10.00):

→ Yarım su bardağı ceviz

→ Bol su ya da yeşil çay

Öğle yemeği (13.00-14.00):

→ Bir tabak zeytinyağlı barbunya ya da etli sebze yemeği

→ Lahana ya da karnabahar salatası

Çiğ ya da buğulanmış olabilir

→ Bir su bardağı ayran ya da bir kâse yoğurt

Ara öğün/şart değil (15.00):

→ Bir orta boy elma ya da mevsim meyvesi

→ Bir kâse yoğurt

Mümkünse evde mayalanmış veya geleneksel usulle üretilmiş. Kesinlikle diyet olmayacak.

→ Şekersiz çay ya da bir fincan Türk kahvesi

Neskafe olarak bilinen granül kahveler işlenmiş gıda oldukları için yasak!

Akşam Yemeği (18.00-19.00) :

→ Balık ızgara

Fırında veya buğulama usulü de pişirilebilir

→ Bir tabak pilaki

→ Roka, yeşil soğan, maydanoz ve bir tatlı kaşığı keten tohumu

Tüm salatalara doğal sirke, limon, az miktarda kristal kaya tuzu ve sızma

zeytinyağı ilave edilebilir.

→ İki kibrit kutusu kadar tahin helvası

- *Akşam saat 19.00-20.00'den sonra meyve dâhil hiçbir şey yenilmemeli.*
- *Bol su, taze limon eklenmiş olarak içilebilir.*
- *Mümkünse, yatmadan önce 30-40 dakika kadar yürüyüş yapmalı.*

ÇARŞAMBA

Kahvaltı (08.00-09.00):

→ Kayısı kıvamında suda haşlanmış iki yumurta

Saf tereyağı ya da zeytinyağı ile omlet veya menemen de yapılabilir

→ Bir avuç içi kadar beyaz peynir

→ 2-3 adet tatlı kırmızıbiber

→ Yeşil çay ya da sevilen bir bitki çayı

→ Bir çay bardağı (ince belli) Antep fıstığı

Ekmek yerine beyaz peynirle birlikte yenebilir. Fıstıklar, tuzsuz ve mümkünse yeni kırılmış olmalıdır.

Ara öğün/şart değil (10.00):

→ Tuzsuz yerfıstığı

Kavrulmamış ve mümkünse yeni kırılmış olmalı

→ Bol su ya da bitki çayı

Öğle Yemeği (12.00-13.00):

→ Bir tabak zeytinyağlı taze yeşil fasulye

→ 3-4 adet ızgara köfte

→ 1 kâse yoğurt

→ Turp ve havuç ile rendelenerek hazırlanmış salata ve bir tatlı kaşığı keten tohumu

Tüm salatalara doğal sirke, limon, az miktarda kristal kaya tuzu ve sızma zeytinyağı ilave edilebilir.

→ Bol su veya ayran

Ara öğün/şart değil (15.00):

→ Bir elma ya da armut

→ 1 kâse yoğurt

Akşam Yemeği (18.00-19.00):

→ 3-4 kalem kuzu pirzola ya da avuç içiniz kadar bonfile ızgara

→ Zeytinyağlı enginar ya da bir tabak taze bakla

→ Mevsim salatası ve bir tatlı kaşığı keten tohumu

- *Akşam saat 19.00-20.00'den sonra meyve dâhil hiçbir şey yenilmemeli.*
- *Bol su, taze limon eklenmiş olarak içilebilir.*
- *Mümkünse, yatmadan önce 30-40 dakika kadar yürüyüş yapmalı.*

PERŞEMBE

Kahvaltı (08.00 -09.00):
→ İki yumurta ile hafif ateşte tereyağı ile pişirilmiş peynirli omlet
→ 8-10 adet tuzsuz zeytin
→ Bir avuç içi kadar beyaz peynir
→ 1-2 adet (çarliston) yeşilbiber ya da 1-2 adet salatalık
→ Taze maydanoz ve kırmızıbiber
→ Yeşil çay ya da sevilen bir bitki çayı
→ Bir (ince belli) çay bardağı ceviz içi
Ekmek yerine, beyaz peynirle birlikte yenebilir. Cevizler mümkünse yeni kırılmış olmalıdır.

Ara öğün/şart değil (10.00):
→ Bir avuç içi kadar tuzsuz yerfıstığı ya da badem içi
Mümkünse yeni kırılmış olmalıdır
→ Taze limon eklenmiş bol su ya da bitki çayı

Öğle Yemeği (12.00-13.00):
→ Bir avuç kadar dana bonfile ya da 3-4 kalem kuzu pirzolası
→ Bir tabak zeytinyağlı pırasa
→ 5-6 adet minik domates
→ Bir kâse yoğurt ve bir tatlı kaşığı keten tohumu
→ Bol su

Ara öğün/şart değil (15.00):
→ Bir ufak portakal veya mevsim meyvesi
→ Bir avuç içi kadar tuzsuz yerfıstığı ya da badem içi
Mümkünse yeni kırılmış olmalıdır

Akşam Yemeği (18.00-19.00):
→ Balık ızgara, kırmızı kuru soğan, dilimlenmiş turp ve roka
→ Buğulanmış Brüksel lahanası ve rendelenmiş havuç ya da lahana salatası
→ Bir tabak piyaz ya da zeytinyağlı barbunya
- *Akşam saat 19.00-20.00'den sonra meyve dâhil hiçbir şey yenilmemeli.*
- *Bol su, taze limon eklenmiş olarak içilebilir.*
- *Mümkünse, yatmadan önce 30-40 dakika kadar yürüyüş yapmalı.*

CUMA

Kahvaltı (08.00-09.00):

→ İki yumurta ile hafif ateşte tereyağı ile pişirilmiş omlet
→ 8-10 adet tuzsuz zeytin
→ Bir avuç içi kadar beyaz peynir
→ Taze maydanoz, tatlı kırmızıbiber ve 1-2 adet salatalık
→ Şekersiz yeşil çay ya da sevilen bir bitki çayı
→ Bir (ince belli) çay bardağı fındık

Ekmek yerine beyaz peynirle birlikte yenebilir. Fındıklar mümkünse yeni kırılmış olmalıdır.

Ara öğün/şart değil (10.00):

→ Bir avuç ceviz içi
Mümkünse yeni kırılmış
→ Bol taze limonlu su ya da bitki çayı

Öğle Yemeği (12.00-13.00):

→ Bir porsiyon şiş kebap
Yanında pide, pilav ve patates yenilmeyecek
→ Taze yeşilbiber, domates, turp, maydanoz, soğan ve sumak
→ Bir kâse yoğurt ve bir tatlı kaşığı keten tohumu
→ Bol su ya da ayran

Ara öğün/şart değil (15.00):

→ Bir elma ve bir avuç tuzsuz yerfıstığı
Kavrulmamış ve mümkünse yeni kırılmış
→ Taze limon eklenmiş su ya da şekersiz çay.

Akşam Yemeği (18.00-19.00):

→ 3-4 kalem kuzu pirzolası
→ Mevsim salatası

Tüm salatalara doğal sirke, limon, az miktarda kristal kaya tuzu ve sızma zeytinyağı ilave edilebilir.

→ Zeytinyağlı enginar ya da yoğurtlu semizotu salatası

- *Akşam saat 19.00-20.00'den sonra meyve dâhil hiçbir şey yenilmemeli.*
- *Bol su, taze limon eklenmiş olarak içilebilir.*
- *Mümkünse, yatmadan önce 30-40 dakika kadar yürüyüş yapmalı.*

CUMARTESİ

Kahvaltı (08.00-09.00):

→ Pastırmalı yumurta
→ 8-10 adet tuzsuz zeytin
→ Bir avuç içi kadar peynir ve taze maydanoz ya da nane ile birlikte
→ Şekersiz yeşil çay ya da sevilen bir bitki çayı
→ Bir (ince belli) çay bardağı Antep fıstığı

Ekmek yerine beyaz peynirle birlikte yenebilir. Fıstıklar, tuzsuz ve mümkünse yeni kırılmış olmalıdır.

Ara öğün/şart değil (10.00):

→ Bir avuç kadar ceviz içi
Mümkünse yeni kırılmış
→ Taze limon eklenmiş bol su ya da şekersiz bitki çayı

Öğle yemeği (12.00-13.00):

→ Bir porsiyon bonfile ızgara
→ Taze yeşilbiber ve domates ya da kuru soğan
→ Yoğurt, semizotu ve bir tatlı kaşığı keten tohumu yağı
→ Bol su veya ayran

Ara öğün/şart değil (15.00):

→ Bir ufak boy portakal veya elma
→ Şekersiz yeşil çay

Akşam yemeği (18.00-19.00):

→ Balık ızgara
→ Dilimlenmiş beyaz turp
→ Bol roka, domates ve taze yeşil soğan ile hazırlanmış salata

Tüm salatalara doğal sirke, limon, az miktarda kristal kaya tuzu ve sızma zeytinyağı ilave edilebilir.

→ İki kibrit kutusu kadar tahin helvası

- *Akşam saat 19.00-20.00'den sonra meyve dâhil hiçbir şey yenilmemeli.*
- *Bol su, taze limon eklenmiş olarak içilebilir.*
- *Mümkünse, yatmadan önce 30-40 dakika kadar yürüyüş yapmalı.*

PAZAR

Kahvaltı (08.00-09.00):

→ Peynirli omlet ya da pastırmalı yumurta
→ Bir avuç içi kadar beyaz peynir
→ 8-10 adet tuzsuz zeytin
→ Tatlı kırmızıbiber, domates ve salatalık
→ Şekersiz yeşil çay ya da sevilen bir bitki çayı
→ Bir (ince belli) çay bardağı ceviz içi

Ekmek yerine, beyaz peynirle birlikte yenebilir. Cevizler mümkünse yeni kırılmış olmalıdır.

Ara öğün/şart değil (10.00):

→ Bir avuç kadar ceviz içi
Mümkünse yeni kırılmış
→ Bol taze limonlu su ya da şekersiz bitki çayı

Öğle yemeği (12.00-13.00):

→ Bir tabak kuru fasulye, bonfile veya biftek (bir avuç içiniz kadar olabilir)
Yanında pilav ve patates yenmeyecek
→ Bir adet kuru soğan
→ Çoban salatası

Tüm salatalara doğal sirke, limon, az miktarda kristal kaya tuzu ve sızma zeytinyağı ilave edilebilir.

→ Bol su

Ara öğün/şart değil (15.00):

→ Bir avuç tuzsuz yerfıstığı
Kavrulmamış ve mümkünse yeni kırılmış
→ Şekersiz çay

Akşam yemeği (18.00-19.00):

→ Balık ızgara
→ Taze yeşil soğan, bol roka ve domates
→ Közlenmiş taze kırmızıbiber

- *Akşam saat 19.00-20.00'den sonra meyve dâhil hiçbir şey yenilmemeli.*
- *Bol su, taze limon eklenmiş olarak içilebilir.*
- *Mümkünse, yatmadan önce 30-40 dakika kadar yürüyüş yapmalı.*

Not:

- *Buradaki mönülerde yer alan ara öğünler şart değildir. Alışkın olduğumuzdan dolayı örnekler verilmiştir. Aslında, kuvvetli bir kahvaltıdan sonra ara öğün ihtiyacımız kalkar.*
- *Tatiller günlerinde kuvvetli bir kahvaltı yaptıktan sonra, akşam yemeğine kadar ara öğün ihtiyacımız olmadığını hepimiz biliriz. Pazar günleri iki öğün yemek yeterli oluyor.*

Ramazan ayında oruç tutarken sağlıklı bir şekilde nasıl beslenebiliriz?

Ramazanda da bir haftalık örnek mönüde verilen bütün yiyecekler rahatlıkla yenebilir.

Sahurda yiyebileceklerimizin listesi

Sahurda yenecek yemek ya da kahvaltı kuvvetli protein içermelidir.

→ Az pişmiş 2-3 yumurta, bol peynirli omlet ya da menemen de olabilir
→ Bol domates, salatalık, yeşilbiber, kırmızıbiber ve turp
→ Bir avuç içi kadar tuzsuz peynir
→ 9-10 adet tuzsuz zeytin
→ Bir kâse yoğurt, içine ceviz ya da kuruyemiş, kuru nane, zerdeçal, bir tatlı kaşığı kadar bütün keten tohumu, bir çorba kaşığı soğuk sızma zeytinyağı.

Keten tohumu ve zeytinyağı kabızlığı önler

→ Süt, ayran veya şekersiz limonlu çay
→ Bol su
→ Bir kâse çorba

Tarhana, mercimek, ezogelin, yoğurt çorbası veya sebze çorbası olabilir

→ Dayanamayanlar ve aşırı acıkanlar için bir el avucu kadar pide

İftarda yiyebileceklerimizin listesi

→ Sıcak bir çorba ile oruç açılabilir. Tarhana, mercimek, ezogelin, yoğurt çorbası, her türlü sebze çorbası veya yuvalama gibi ev çorbaları olabilir.
→ *Hazır çorbalar kesinlikle tüketilmemelidir!*
→ Bir adet orta boy lahmacun veya bir avuç içi kadar ramazan pidesi yenebilir.
→ Pastırma, peynir, 9-10 adet tuzsuz zeytin yenebilir.
→ Menemen, pastırma ya da ışgınlı[104] yumurta.
→ Köfte, sulu sebzeli et yemeği, zeytinyağlı yemekler. Dolma, sarma, karnıyarık, imambayıldı vb gibi her türlü yemek yenebilir.
→ Her türlü kırmızı et kebabı, 2-3 kaşık bulgur pilavı ve mevsim salatası ile birlikte olabilir.
→ Yeşil mercimek yemeği veya zeytinyağlı, yoğurtlu ve sarımsaklı semizotu salatası yenebilir.

[104] Işgın: Karabuğdaygiller familyasından; büyük yapraklı, çok yıllık bir bitki cinsidir. Doğu Anadolu Bölgesi'ndeki yüksek yerlerde yetişir. Mayıs - Haziran aylarında çiçek açar. Taze sürgünleri ve genç yapraklarından da sebze olarak faydalanılır.

→ Haşlanmış patates salatası olabilir.

Patates püresi ya da kızartması yenilmeyecek!

→ Bir kâse yoğurt, içine ceviz ya da kuruyemiş, kuru nane, zerdeçal, bir tatlı kaşığı kadar bütün keten tohumu, bir çorba kaşığı soğuk sızma zeytinyağı hazırlanarak yenebilir.

Keten tohumu ve zeytinyağı kabızlığı önler.

→ Cacık

Yoğurt, salatalık, semizotu, nane, kekik, sarımsak, soğuk sızma zeytinyağı ve kırmızı pul biber ile hazırlanabilir.

→ Bol salata

Bol miktarda doğal sirke, limon, az miktarda kristal kaya tuzu, sızma zeytinyağı, sumak ve peynirli hazırlanabilir.

→ Komposto

Kuru kayısı, mürdüm eriği, çekirdekli kuru üzüm, kuru incir, yabanmersini, bol ceviz ve badem bir tencereye konulduktan sonra, üzerine su eklenerek buzdolabında bir gece bekletilerek hazırlanır. Yemeklerle tatlı yerine tüketilir. Bu kompostoya şeker ya da tatlandırıcı eklenmeyecek ve kesinlikle kaynatılmayacak!

→ Az şekerle hazırlanmış güllaç ve bir adet taze mevsim meyvesi yenebilir.

→ 1 çay bardağı kadar yaban mersini, 1 kâse yoğurda eklenerek yenilebilir.

→ Şekersiz Türk kahvesi

→ Bol ayran

→ Bol su

→ Bol sıcak ya da ılık taze limon ve taze nane eklenmiş su

Yemekle birlikle herhangi bir çay veya şekerli hiçbir içecek (demir emilimini önlediği için) içilmemelidir.

Onuncu Bölüm

PRATİK YEMEK TARİFLERİ

ZEYTİNYAĞLI PATLICAN

Malzeme
5-6 adet patlıcan
2-3 adet kuru soğan
1-2 adet yeşilbiber
1-2 adet olgun domates
3-4 diş sarımsak
Tuz
Karabiber
Sızma zeytinyağı (soğuk sıkım)

Hazırlama
5-6 adet patlıcan, kabukları soyulmadan tepsiye dizilir. Ortaları bıçakla yarılır ve fırına konur. 200 derecede yumuşayıncaya kadar pişirilir.

Bu arada; bol kuru soğan, yeşilbiber, taze olgun domates -salça değil- ve sarımsak küçük küp şeklinde doğranıp harmanlanarak, patlıcanların içine doldurulacak iç hazırlanır. Bir tutam tuz ve karabiber eklenerek iyice karıştırılır. Fırında yumuşamış olan patlıcanların içine doldurulur. Üzerine bol zeytinyağı eklenir ve fırında (200 derecede) yavaş yavaş pişirilir. Hazırlanması 10 -15 dakika alır. Üzerine bol taze maydanoz eklenir ve servis yapılır. Yanında cacık, mevsim salatası veya yoğurtlu semizotu salatası ile afiyetle yenir...

Kızartma yapılmadığı için daha lezzetli ve daha sağlıklı olur. Fırında yavaş yavaş pişiyorken başka işlere zaman kalır.

KABAK YEMEĞİ

Malzeme
5-6 adet kabak
5 adet yumurta
Ezilmiş klasik beyaz peynir (diyet ya da 'light' değil)
Kuru nane
Karabiber
Tuz
Sızma zeytinyağı (soğuk sıkım)

Hazırlama
Kabaklar rendelenir. Yumurta, ezilmiş beyaz peynir, kuru nane, bir tutam

tuz ve karabiber, bol zeytinyağı eklenerek harmanlanır. Bir fırın tepsisine yayılır ve 180 derecede ısıtılmış fırında 5-10 dakika pişirilir. Yoğurt ile servis yapılır. Sıcak ya da soğuk yenebilir.

Kabaklı karışıma kesinlikle un eklenmez ve kızartma yapılmaz.

FIRINDA KUZU PİRZOLA VEYA DANA BİFTEK

Malzeme

1 kg kuzu pirzola veya dana biftek
3-4 adet olgun domates
2-3 adet acı veya tatlı yeşilbiber
Kekik
Sızma zeytinyağı (soğuk sıkım)

Hazırlama

Kuzu pirzola veya dana biftek bir tepsiye dizilir. Üzerine zeytinyağı eklenir. 200 derecede ısıtılmış fırında, 10-15 dakika kadar, yavaş yavaş pişirilir. Etler hafif suyunu çekmeye başlayınca, üzerleri dilimlenmiş domates biber ile kaplanır. Biberler kızarmaya başlayınca ya da fırından çıkarmaya yakın bol kekik eklenir. Suyu azalıncaya kadar fırında bekletilir. Daha sonra mevsim salatası ile servis yapılır. Tuz ve karabiber eklenmez!

DANA NUAR

Malzeme

1 bütün dana nuar
100-200 gr tane karabiber
50 gr kekik
Sızma zeytinyağı (soğuk sıkım)

Hazırlama

Kasaptan bütün bir dana nuar alınır. Bir tepsi içinde ya da havanda 100-200 gr kadar tane karabiber dövülerek kırılır ve ufalanır (değirmende çekilmez). Kırılmış biberlere bolca kekik eklenerek harman yapılır.

Nuar tepsiye yerleştirilir ve üzerine zeytinyağı sürülür. Daha sonra -elle bastırılarak- nuarın her tarafı karabiber ve kekik karışımı ile kaplanır.

250 derecede ısıtılmış fırında 40-60 dakika kadar pişirilir. Nuarın büyüklüğüne göre pişirme süresi ayarlanır.

Nuar, suyunu çekip piştikten sonra dilimlenerek, salata ve yoğurtla birlikte servis yapılır. *Artan kısmı buzdolabı poşetine konularak, buzdolabında saklanabilir. Daha sonra soğuk söğüş olarak yenebilir veya sandviç yapılabilir.*

Sonraki öğünler için de kuşbaşı şeklinde doğranıp, soğan, sarımsak, taze domates ve yeşilbiber katılarak sote yapılıp, sıcak et yemeği olarak da hazırlanabilir.

BALIK

Her türlü balık mevsimine göre, ızgara, fırın ya da buğulama olarak pişirilebilir. Bol salata, taze ya da kuru soğan, roka ile birlikte yenir.

Balık yedikten sonra, bir-iki kibrit kutusu kadar tahin helvası yenilebilir.

BULGUR SALATASI

Malzeme

1-2 su bardağı köftelik veya pilavlık esmer bulgur
Üzerini örtecek miktarda sıcak su
2-3 adet kuru soğan
Yarım demet taze maydanoz
Yarım demet taze nane
Kırmızı pul biber
Karabiber
Tuz
Sızma zeytinyağı (soğuk sıkım)

Hazırlama

Bulgur bir tencereye konulur, üzerine sıcak su eklenir ve yumuşaması beklenir. Bol kuru soğan, maydanoz, taze nane ince ince kıyılarak doğranır. Kırmızı pul biber, azıcık tuz, karabiber ve zeytinyağı eklenerek harmanlanır. Daha sonra servis yapılır. Et yemeklerinin yanında, yoğurt ve cacıkla yenilebilir.

Bu salata, aşurelik buğday ile de hazırlanabilir. Ancak bulgur kaynatılmaz, buğday iyice yumuşayana kadar kaynatılır.

YEŞİL MERCİMEK SALATASI

Malzeme

1-2 su bardağı yeşil mercimek
2-3 adet kuru soğan

1 tatlı kaşığı bütün keten tohumu veya susam
Yarım demet taze maydanoz
Kırmızı pul biber
Karabiber
Tuz
Sızma zeytinyağı (soğuk sıkım)
Arzuya göre kuru nane

Hazırlama

Yeşil mercimek suda bekletildikten sonra yumuşayıncaya kadar kaynatılır. (Çok fazla yumuşamamasına dikkat edilmelidir.)

Ateşten alınıp soğuması beklenir. Bu arada soğan ve maydanoz doğranır. Mercimek soğuduktan sonra, soğan, zeytinyağı, susam veya keten tohumu eklenir. Bir tutam tuz, karabiber ve kırmızı pul biber eklenerek bol yeşil maydanozla servis yapılır.

Kuru nane de eklenebilir.

TURP VE HAVUÇ SALATASI

Malzeme

1-2 adet havuç
1-2 adet turp
Yarım demet maydanoz
1 adet limon
2 yemek kaşığı doğal elma sirkesi
Sızma zeytinyağı (soğuk sıkım)

Hazırlama

Turp ve havuç rendelenir. Maydanoz, limon, sirke ve zeytinyağı eklenerek salata yapılır.

Doğal -geleneksel usul- sirke, mide hazmını ve de midenin boşalmasını yavaşlatır. Bu nedenle son derece faydalıdır. Elma sirkesinin asiditesi, insan vücudu asiditesine en uygun olanıdır, bu nedenle tercih edilmelidir...

KIRMIZI PANCAR SALATASI

2-3 adet kırmızı pancar haşlanır ya da buğulama yapılarak yumuşatılır. Dilimlenerek doğal sirke, limon ve sızma zeytinyağı eklenerek et ya da sebze yemeklerinin yanında servis yapılır.

Haşlanmış veya buğulanmış pancar ayrıca arzu edilen salatalara da katılabilir. Bol sirke ve çok az tuz kullanılarak -geleneksel usul- ev turşusu da yapılabilir.

BALLI ELMA SİRKESİ
(Nihal Doğan)

Malzeme

3 kg sert ve sulu köy elması *(Bu elmalar yumurta şeklinde, ekşimsi bir tatta ve bol sulu olur. Anadolu köylerinde yetişir. Bulamazsanız Amasya elması da kullanabilirsiniz.)*

1-2 yemek kaşığı doğal bal

1-2 su bardağı su

Hazırlama

Elmalar iyice yıkanıp kurulanır. Katı meyve sıkacağı ile sıkılarak suyu çıkarılır. Elma suyu cam bir kavanoza alınarak içerisine bal ilave edilir ve iyice karıştırılır. Ağzı hava alacak şekilde bir tülbentle bağlanarak, güneş varsa cam kenarına yoksa ılık ve loş bir ortama konur. 4-6 hafta kadar zaman geçince üzerinde denizanası şeklinde bir maya ve kapak kısmında da sirke bakterileri dediğimiz minik kurtçuklar oluşur. Bu sirke fermantasyonunun başladığının işaretidir. 8-10 hafta sonra süzülür. (Kurarken su katmadığımız için asit derecesi yüksek -sert- bir sirke olacaktır. Bunu yumuşatmak isteyenler içerisine 1-2 su bardağı su ilave ederek 2-3 hafta daha bekletebilirler.)

Süzdükten sonra, bir şişeye alıp ağzı sıkıca kapatılarak serin bir yerde muhafaza edilir. Sirke durdukça değeri artar ve canlılığı devam eder. Bu sebeple dibinde tortular içinde mayalar oluşabilir.

Katı meyve sıkacağı bulamayanlar, elmaları iri iri -küp şeklinde- doğrayıp, kavanozun içine yerleştirdikten sonra üzerini örtecek miktarda su ve 1-2 yemek kaşığı bal ilave ederek de –yukarıdaki aşamalarla- elma sirkesini yapabilirler.

Elma haricinde üzüm, böğürtlen, yabanmersini ve alıç gibi orman meyveleri ile de sirke yapabilirsiniz...

Günümüzde sirkenin doğal tadının unutulması ve pek tercih edilmemesinin ana sebepleri; fabrikasyon yöntemler ile üzüm veya elma gibi meyvelerin çok kısa sürede fermente edilmesi, içersine mayalama amacı ile E260 olarak tanımlanan asetik asit konulması, koruma amacı ile –ki hakiki sirkenin koruyucuya ihtiyacı olmaz- E223 olarak tanımlanan antioksidan -sodyum metabisülfit- katılması, ayrıca bu tür işlemlerle üretilen sirkelerin çoğunun kükürt dioksit içermesidir.

Fabrikasyon yönetmelerle üretilen sirkelerin her zaman aynı renk, tat ve kokuda olmasının sebebi de bunlardan kaynaklanmaktadır.

YOĞURT MAYALAMA
(Nihal Doğan)

Malzeme

1 kg süt
1 yemek kaşığı ev yoğurdu (yoksa çömlekte satılan yoğurtlardan olabilir)
Cam kâse veya toprak çömlek
Büyük (pamuk kumaştan) bir sofra bezi

Hazırlama

Süt, bir tencereye konularak iyice kaynatılır. Daha sonra cam bir kâse veya toprak bir çömleğe boşaltılır ve biraz soğuması beklenir. Sıcaklığı, serçe parmağının dayanma derecesinde kalacak şekilde olduğu zaman 1 yemek kaşığı yoğurt, tahta bir kaşık yardımı ile süte karıştırılır. Üzerine cam veya porselen bir kapak kapatılır. Bez örtüye sarılarak oda sıcaklığında 4-5 saat kadar bekletilir. Mayalandıktan sonra buzdolabına konur ve arzu edildiği zaman yenir.

Açık süt, mandıralardan veya günlük taze süt satan yerlerden alınabilir. Eğer bulunamazsa günlük pastörize süt (cam şişede) kullanılabilir.

ELMALI İNCİRLİ KEK
(Neval Polat)

Malzeme

2 adet yumurta
1,5 çay bardağı süt
1 çay bardağı iri kıyılmış ceviz
4 adet elma
4 adet kuru incir
1 yemek kaşığı bütün keten tohumu
1 çay kaşığı tarçın
Yarım su bardağı un
1 kaşık kabartma tozu

Hazırlama

Elmalar soyulup, küp şeker büyüklüğünde doğranır. İncirler nohut büyüklüğünde doğranır. Bir kapta elma, tarçın, incir, ceviz ve keten tohumunu karıştırılır. Diğer taraftan başka bir kapta yumurta blender ile çırpılıp un, kabartma tozu ve süt eklenerek karıştırılır. Ardından elmalı malzeme hamura katılır ve yağlanmış tepsiye dökülür. 180 derece ısıtılmış fırında 20 dakika kadar pişirilir.

LAHANALI BÖREK
(Neval Polat)

Malzeme

1 adet küçük boy beyaz lahana
1 adet yumurta
2 yemek kaşığı un
2 su bardağı süt
2 çay bardağı sızma zeytinyağı
Bir avuç içi kadar beyaz peynir

İçi için

1 adet kuru soğan
500 gr kıyma
1 adet havuç

Hazırlama

Lahana az suda haşlanır. Sonra bir bezle kurulanarak, suyu iyice alınır.

Peynir ezilir. Süt, zeytinyağı, yumurta, peynir ve un iyice karıştırılıp, börek harcı hazırlanır. Soğanlar ince ince kıyılır, havuç rendelenir. Kıyma, soğan ve havucu birlikte pişirin. Bu içe arzu edilirse zencefil ve karabiber de eklenebilir.

Daha sonra 1 kat lahana, üstüne börek harcı, 1 kat lahana, üstüne börek harcı ve ortasına kıymalı harç gelecek şekilde, lahana yufka gibi kullanılarak börek hazırlanır. 180 derece ısıtılmış fırında 40 dakika kadar (harç katılaşıncaya kadar) pişirilir.

ŞEKERSİZ KABAK TATLISI
(Neval Polat)

Malzeme

2 dilim tatlı balkabağı
1 adet elma
2 adet portakal

1 çay bardağı ceviz
1/2 çay bardağı kuru üzüm
1 çubuk tarçın
1 yemek kaşığı tereyağı

Hazırlama
Kabaklar üçe, elmalar sekize bölünür. Portakalların kabukların soyulup (arzu edilirse kabuklu olarak) dilimlenir. Tüm malzemeler, kapaklı bir fırın kabına konur, malzemelerin üzerine tereyağı, küçük küçük dağıtılarak ilave edilir. 180 derece ısıtılmış fırında yaklaşık 1 saat kadar pişirilir.

SÜTLÜ İNCİR TATLISI
(Neval Polat)

Malzeme
İstenilen miktarda kuru incir
Her incir için 1adet ceviz içi
Süt

Hazırlama
Cevizleri iri iri parçalanır. İncirlerin sapı kesilip, kapaklı bir kaba dizilir. Üstüne kaynar süt dökülüp, incirler yumuşayıncaya kadar beklenir. Yumuşayan incirler, parmak yardımı ile sap kısmından oyularak içine cevizler yerleştirilir. Oda ısısında bir gece (süt katılaşıncaya dek) bekletilir.

Afiyet olsun...

Bu yemek tarifi örneklerini mevsime uygun olarak, elimizdeki malzemelerle daha da çoğaltabiliriz. Doğal şekilde hazırlayabileceğimiz bu yemek ve tatlılar, düşük glisemik indeksli karbonhidrat içerdikleri için tokluk hissimiz uzun süre devam eder. Bu nedenle ara öğün ihtiyacımız olmaz. İşte bu sebeple ara öğünler şart değildir! Ancak başlangıçta ihtiyaç olabilir düşüncesi ile örnek mönü listesine eklenmiştir.

Ayrıca, tümü doğal olan yiyeceklerin besleyici ve tok tutucu özellikleri yüksektir. Sağladıkları yoğun enerji sayesinde, yenmelerinden 1-2 saat sonrasına kadar acıkma hissedilmez, dinçlik ve canlılık oluşur. Vücudumuza toksik yağlar ve katkı maddeler girmediği için karaciğerimiz rahatlar. Dışarıdan ara öğün yenilmediği için de organizmamız ara öğün olarak kendi yağlarını kullanmaya başlar. Bunun sonucunda da karaciğer yağları ile birlikte iç yağlarımız yıkılmağa başlar. Karaciğerin dinlenmesine ve kendini toparlamasına fırsat sağlanmış olur. Kan şekerimiz inişli çıkışlı olmaz, bu nedenle de kan insülin ve leptin düzeyimiz düzenli bir şekilde düşük kalır. Karatay Diyeti'nin uygulanması ile sağlığımızı kazanır ve sağlıklı yaşarız...

Onbirinci Bölüm

KARATAY DİYETİ'NİN ÖZETİ

Karatay Diyeti'nin önerilerini kısaca şu şekilde özetleyebiliriz:

1. Sızma zeytinyağlı her türlü sebze yemeği yenebilir. Bakla, kabak kalye, kuru ve yaş fasulye gibi...
2. Bir tabak kıymalı taze veya kuru sebze yemeği yenebilir.
3. Yemekler ile ekmek, pirinç pilavı ve makarna yenilmeyecek!
4. Yoğurt ve salatalara her türlü taze maydanoz, taze veya kuru nane, kekik, fesleğen vb otlar eklenebilir.
5. Yemeklerde ve salatalarda zeytinyağı olarak ısıl işlem görmemiş soğuk sıkım zeytinyağı kullanılabilir.
6. Mısırözü ve ayçiçeği yağları yemek pişirme ve kızartmalarda kesinlikle kullanılmayacak!

- *Isıtmaları ile trans yağlar oluşur.*
- *Yüksek ısıda sıvı yağlar doğal özelliklerini kaybederek trans yağlara dönüşürler. Trans yağlar, kan yağlarından trigisedleri yükselterek karaciğer yağlanmasını başlatır. Bu nedenle kalp, damar hastalıkları, felç ve her türlü kanser nedeni olan en zararlı yağlardır.*
- *Trans yağlar, hayvansal katı yağlardan daha tehlikelidir ve daha önce de bahsetmiş olduğumuz gibi her türlü dejeneratif hastalığın, alerji ve kanserin başlama nedenidir.*
- *Trans yağlar, insülin direncini başlatan en tehlikeli kimyasal maddelerdir. İnsan vücudu doğal olmayan bu yağları tüketmeye programlanmamıştır*

7. Margarin haline dönüştürülmüş olan sıvı yağlarda da fazla miktarda trans yağ meydana gelmektedir. Bu sebeple margarin kullanılmayacak!
8. Vücut yağlanmasını önlemek ve bozulmuş kan yağlarını normalleştirmek amacı ile mutlaka doğal -geleneksel usul- tereyağı ve esansiyel sıvı yağlar tüketilmelidir. Doğal balık yağı Omega-3 ve kolesterol, bütün hücre zarlarımızın temel yapı maddeleridir.

- *Hücresel tıp, hücre zarlarının yapısını inceleyen bir bilim dalıdır. Çağımızda nano teknolojinin ilerlemesi sonucu, hücre zarlarının yapısını en ince ayrıntılarına kadar inceleyebilmeyi mümkün kılmıştır. Elde edilen ayrıntılı bilgiler sonucu hücre zarlarının doğal yapı taşı olan Omega-3 yağ miktarının azalması ve Omega-6 yağ miktarının çok fazla olması sonucu, hücrelerin normal olarak çalışamadığı; zayıflayarak her türlü hastalığa zemin hazırladığı bilimsel olarak gösterilmiştir.*
- *İleri yaşlarda ortaya çıkan bütün dejeneratif hastalıkların nedeni olarak, hücre zarlarında Omega-3 yağ miktarının azalması, buna oranla Omega-6 ve trans yağ miktarının çok artmış olması gösterilmiştir. Taş devrinde yaşayan insan kalıntılarından alınan DNA örneklerinde dejeneratif*

hastalıkların bulunmadığı ve Omega-3/Omega-6 oranın 1/1 olduğu bildirilmiştir.

9. Bal, reçel ve pekmez yok!
- *Kan glukozuna hızla dönüşen, boş kalorili tatlı oldukları için...*
10. Tatlılara, çaylara ve kahveye hiçbir şekilde tatlandırıcı eklenmeyecek.
- *Suni (yapay) tatlandırıcılar karaciğer ve iç yağlanmasına neden oluyor ve şeker hastalığını başlatıyor.*
11. Üzerinde diyet yazan kurabiye, bisküvi, çikolata, şeker vb yenilmeyecek.
12. Hiçbir şekilde diyet ve gazlı içecekler kullanılmayacak.
13. Keten tohumu ve balık yağı (Omega-3), kan yağlarını düzenler, kanı sulandırır, kilo vermeyi kolaylaştırır, kilo almayı önler, hipertansiyon ve depresyon gelişmesini engeller.
14. Keten tohumu azar azar yiyeceklere eklenebilir. Susam da keten tohumu kadar faydalıdır. Arzu edildiğinde onun yerine kullanılabilir.
- *Keten tohumu, doğal olarak kabızlığın giderilmesinde yararlıdır. Fazlası ishal yapabilir.*
15. Tüketilen yiyeceğin doğal ve bütün olmasına dikkat edilmelidir.
16. İşlenmiş olan yiyeceklerde gizli olarak -damak tadını etkilemek amacı ile-, tehlikeli ve kanser yapan, damar sertliğini başlatan zararlı trans yağlar ve bozuk şekerler bulunur.
17. Yemeklerimizde tuz miktarı azaltılmalıdır. Rafine tuz yerine kristal kaya tuzu (cam veya ahşap değirmende öğütülerek) kullanılmadır.
18. Tahıllar, un ve nişastalı bütün gıdalar tüketildikten hemen sonra kan şekerine dönüşürler. Bu tür gıdalar, daha sonra karaciğer yağı ve iç organ yağı olarak depo edilirler. İnsülin ve leptin direncini başlatır ve giderek artırırlar. Bu sebeple tüketilmemelidirler.
19. Aşırı miktarda meyve ve meyve suyu tüketildiğinde de, vücudumuzun kan şekerinde aşırı miktarda yükselme görülür. Enerji olarak kullanılmadıkları için kan yağlarına dönüşür ve yağ olarak birikirler. Selülit nedenidirler. Selülit, insülin ve leptin direncinin önemli bir belirtisidir. Be nedenle meyveler, önceki bölümlerde anlattığımız ölçüde ve özellikte az miktarda tüketilmelidir.
- *Araba lastiği şekilde göbek yağlanması son derece tehlikelidir. Göbek yağlanması, karaciğer yağlanmasının ve insülin-leptin direncinin önemli bir kanıtı ve belirtisidir. Göbeği olan herkesin önce karaciğeri yağlanır, daha sonra da göbek yağı artmaya başlar.*
- *Kalp, damar, böbrek gibi organların yağlanması da karaciğer yağlanması ile başlamaktadır. Kadınlarda selülit, kalça ve göbek yağlanması; erkeler-*

de göbek yağlanması ve memelerin büyümesi de saydığımız bu nedenlerdendir.

- *Kan yağlarının bozulması, kan kolesterolün yükselmesi de karaciğer yağlanmasının kaçınılmaz bir sonucudur.*
- *Şişmanlık, Dünya Sağlık Örgütü tarafından en tehlikeli hastalıklardan biri olarak kabul edilmektedir. Dejeneratif dediğimiz, ileri yaşlarda ortaya çıkan öldürücü hastalıkların nedeni kilo alma, yani vücudun yağ miktarının artmasıdır.*
- *Ancak unutmayalım ki şişmanlık ve şişmanlığın neden olduğu, ileri yaşlarda ortaya çıkan hastalıklar, genel kanının aksine önlenebilir hastalıklardır. Özellikle 30'lu yaşlarda farkında olmadan yavaş yavaş karaciğer yağlanması başlamaktadır. Bunun zamanında farkına varılarak karaciğer yağlanmasını önlemek mümkündür. Bu şekilde 40-50 yaşlarda ortaya çıkacak olan birçok sağlık sorunu yaşanmayacaktır. Bu hastalıkların genetik olmadığını, önlenebilir olduğunu daha önce birkaç kez vurgulamıştık.*

20. Her gün 2-2,5 litre taze limonlu doğal kaynak suyu içilmeli.
21. Beslenmenin önerildiği şekilde düzenlenmesinin dışında her gün 40-50 dakika sık adımlarla yürüyüş yapılmalı. Evde 10 dakika ip atlanabilir. 30 dakika sevilen bir müzik dinlenebilir. Bir arkadaş, kardeş ya da eşiniz ile 10-20 dakika dans edilebilir.
22. Son olarak her gün 2-3gr katkısız Omega-3 tüketilmelidir.

- *Omega-3 yağ kapsülleri içinde kesinlikle Omega-6 yağı bulunmamalıdır.*

Onikinci Bölüm

KARATAY DİYETİ'Nİ UYGULAYANLAR NE DİYOR?

Prof. Dr. M Canan Efendigil Karatay'ın önerdiği Karatay Diyeti'ni yani düşük glisemik indeksli sağlıklı beslenme önerilerini uygulayan kişilerin düşünce ve deneyimleri:

"Canan Hocam ilk olarak kullandığım antidepresan ilacı kesti"

"Prof. Dr. Canan Efendigil Karatay ile Expochannel TV'deki bir rogramda tanışmıştım. Güler yüzü, yardımseverliği, otoritesi ve konuşkanlığı ile benim için diğer konuklarımdan farklıydı. Çok kısa zaman içinde Canan Hoca'yı programlarıma daha fazla davet eder olmuştum. Program öncesi ve sonrasında merakla beklediğim keyifli sohbetler, her seferinde kendisinin vaktine göre biraz daha uzuyordu. Çocukluğumdan beri zayıf bir insandım. Annem 7-8 yaşımda bile elinde tabak ile peşimde gezer, bana yemek yedirmek için masallar anlatırdı... Babam sofraya her oturduğumuzda önüme bir dilim ekmek koyar ve "Ekmeksiz yemek yenmez" derdi... Ne kadar yanlışmış!

Ben de önüme konan ekmekten küçük küçük parçalar koparır, ağzıma atar "Neden ekmek yemek bu kadar önemli" diye düşünürdüm. Ekmekle yediğim hiçbir yemeğin tadını alamazdım. Ama insanlar hep çocuk kalamıyorlar... Büyüdükçe, toplumumuzda son derece gelişmiş damak tadı ve sofra zevkini fark ediyorlar... Üstelik benim gibi seneler boyu kilo almaya çalışıp alamamış biriyseniz, kiloların nasıl geldiğini ve yerleştiğini fark etmeniz biraz zor oluyor!

Ben de aynaya bakıp da göğsüm ve karnım arasındaki şişkinliği fark ettiğim zaman iyi bir panik yaşamıştım. Aldığım hiçbir gömlek artık üzerimde eskisi gibi durmuyordu. Ne giysem, -hani halk arasında simit denilen o yuvarlak beni- son derece rahatsız ediyordu... Her yemek sonrası pişmanlık ve vicdan azabı duyuyordum... Tabii ki herkes gibi bu işe bir dur demenin zamanı gelmişti. "Artık sen de diyete başlıyorsun ama vazgeçmek yok..." gibi düşüncelerle bildik rejimleri sırası ile tek tek denemeye başladım...

İlk işim kahvaltıyı kesmek oldu. Arkasından da marketlerin diyet ürün satan raflarına koştum. Ne kadar sunta (kepekli bisküvi) varsa paket paket eve doldurdum. Ayrı ayrı çantalarıma yerleştirdim. İş yerine de ayrı bir depo yaptım. Artık içim rahattı... Diyet peynir, diyet yoğurt, bisküvilerin tatlısı, tuzlusu, limonlusu derken her çeşit ürün benimleydi... "Ne varmış canım bu kadar ürün varken, sektör bu kadar ilerlemişken artık kilolar benden korksun" diyordum... Aradan aylar geçmeye başladı... Başlangıçta 1-2 kilo verir gibi oldum ama beni sarıp sarmalıyan simitlerden tık yoktu! Onlar mutlu mesut benimle birlikteydiler... Ayrıca bu ürünlerle diyet yaparken açlıktan fenalık geçiriyordum. Bu kadar aç dolaşmama rağmen bir türlü kilo veremiyordum. Yavaş yavaş daha bol giysiler almaya başladım. Moralim çok bozulmuştu... Ayrıca bu açlıkla başa çıkmak da kolay olmuyordu! Gün içinde sık sık elim ayağım titremeye başlıyor, acilen bir şeyler atıştırmak zorunda kalıyordum... Bu süreçte annemin hastalığı ortaya çıktı ve bir yıllık bir süreçte onu kaybettim... Artık bu beslenme sistemime doktor tavsiyesi ile bir de antidepresan ilaç eklenmişti... Yüksek dozda değildi. Hatta insanların birbirlerine tavsiye ettikleri piyasada reçetesiz satılan, bugün bile her isteyenin bir eczaneden kolaylıkla alıp kullandığı o ilaçlardan...

Evet, Prof. Dr. Canan Efendigil Karatay'ı tanıdığımda tam bu haldeydim. Program öncesi ve sonrası yaptığımız o sohbetlerde Canan Hoca'ya ve diğer konuklarımıza ikramlarda bulunurdum... Kurabiye, pasta, kepekli çubuklar, çay, kahve vb... Ama Canan Hoca her seferinde bunları geri çevirir ve sen de yeme derdi. Arkasından da çantasında kuru kayısıları çıkartıp, bana ikram ederdi... Bir gün "Neden hocam" dedim. Ve kafamdaki sihirli soruyu umutsuzca sordum.

"Hocam, kilo vermeden sadece yağlarımızı eritmek mümkün mü?"

Alacağım cevaptan o kadar emindim ki, gülümseyerek hocanın yüzüne baktım. Ama aldığım cevap gülümsememi yüzümde dondurdu! "Tabii ki mümkün... Ama senin devamlı yediğin bu diet ürünleri ile değil" demişti! O anki halimi düşünün. Hem kulaklarıma inanamıyordum, hem de define bulmuş gibi hissediyordum kendimi... Arkası arkasına sorduğum sorularla hocamı bayağı bunalttım sanırım! O günden itibaren Prof. Dr. Canan Efendigil Karatay'ın 'Düşük Glisemik İndeksli Beslenme' sistemini hayatıma yerleştirdim... Canan Hocam ilk olarak aldığım antidepresan ilacı kesmişti... Estetik kaygısı ile uğraştığımız yağların sağlığımızı nasıl tehdit ettiğini öğrendim. Yaklaşık bir yıl içinde artık simitlerim yok olmuştu... Hem de hiç aç kalmadan... Mutsuz olmadan... Hiçbir diyet ürünü kullanmadan... En güzel peyniri, en sevdiğim yemekleri yiyerek... Yemek saati ne zaman gelecek diye beklemeden... Artık herhangi bir ilaç da kullanmıyordum...

O kadar mutluydum ki bunu herkesle paylaşmaya çalışıyordum... Ama birçok insan anlattıklarıma inanmıyordu... Sorulara her zaman detaylı cevaplar veremiyordum. Sonunda bir karar verdim ve bu kararımı Canan Hoca'ya açtım.

Bir sağlık programı yapmaya ve bu beslenme sisitemini herkesle paylaşmaya başladık. Expochannel TV'de haftada bir yaptığımız canlı program başlamadan izleyicilerden telefonlar gelmeye başlıyordu. İnsanlara cevap yetiştiremiyorduk. Yurdun her tarafından ve yurt dışından telefonlar yağıyordu programa... Tam bir yıl boyunca yürüttük bu programı. Birçok insana ulaştık... Onların bugüne kadar doğru zannettiği yanlışları anlattık. Çok mutluyduk... Çünkü insanlara sağlık aşılıyorduk. Dünya üzerinde kurulmuş, insan kanı ile beslenen ilaç kartellerinin piyasaya sürdükleri ve bugün etrafınızdaki 40-45 yaşını aşmış insanların büyük bir bölümünün sürekli kullandığı ilaçların ne kadar zararlı olduğunu anlatıyorduk... Sizler de bilirsiniz büyük kitlelere ulaşmak için çok izlenen kanallarda olmak gerekir. Bir programın da herhangi bir kanalda olması için insanlığa ne kadar yararlı, topluma ne katar gibi sorular sorulmaz! Programın sponsoru varsa, yani para getiriyorsa yayınlanır. Sonuçta bizim programımız da bitti. Ancak bu süreç içinde gelen birçok soruya cevap verebilme amacı ile Canan Hoca daha o zaman bir kitap yazma kararı alınmıştı. Elinizde bu kitap var artık...

Teşekkürler Canan Hocam... Teşekkürler Prof. Dr.Canan Efendigil Karatay..."

Nilgün Bakkaloğlu
TV Yapımcı ve Sunucusu

***

"Grip için gittik, önemli miktarda kilo verdik"

Eşim Dilek ile birlikte 26 Mart 2010 tarihinde geçirdiğimiz şiddetli grip neticesinde muayene olmak üzere gittiğimiz Canan Hanım, sadece bizim gripal tedavimizi üstlenmekle kalmayıp, ileride doğabilecek sağlık sorunlarımıza da önleyici tedbirler aldı. Düşük glisemik indeksli beslenme programı sayesinde her ikimizin de önemli miktarda kilo vermesini sağladı. Ben 105 kilodan 93 kiloya, eşim ise 72 kilodan 64 kiloya düştü. Babam da doktor olduğu halde doktora gitmeyi hiç sevmezdim. Ama Canan Hanım benim bu konudaki fikrimi de değiştirdi ve çok iyi bir dost kazandık.

Prof. Dr. Feridun Yenisey (66)
Bahçeşehir Üniversitesi

***

"Lise yıllarındaki kiloma geri döndüm"

"Mayıs 2009'da tekrar çok kilo aldığımı hissedip kendime göre bir diyete başladım. Özellikle kış ayları benim kilo aldığım aylar... Havalar ısınınca ve dönem bitmeye yüz tutunca, cesaret edip kendimi disiplin altına almaya çalışırım. Geçmişte de uzun çabalar sonunda kilo vermeyi başarıp bu kilolara birkaç ay içinde tekrar geri kavuşurdum. Üç aylık çaba sonunda yine 4-5 kilo vermeyi başardım. Yalnız yıllar ilerledikçe kilolarım sadece yürümeyi değil, dizlerim ve belim

üzerindeki baskıları ve rahat oturup kalkmamı da etkiler hale geliyordu. Eşimin ısrarı üzerine uzun zamandır ihmal ettiğim bir şeyi yapıp, bir check-up'tan geçmeye cesaret ettim. Hem bilgisine hem de doktorluğuna güvendiğim Canan Karatay'a gitmekten başka bir alternatif yoktu benim için. İlk check-up sonuçlarında Canan Karatay tansiyonumu ve şekerimi (insülin seviyesi) yüksek buldu ve eğer ciddi bir perhize girersem ilaçsız düzelme ihtimalim olduğunu söyledi. Kendimi kalp krizine aday insanlar arasında görmemiştim hiçbir zaman. Ailemde olduğu için diyabet olma ihtimalinden ise her zaman çekinirdim. Doktorum Canan Karatay'ın tavsiyelerini kendime düstur edindim ve eşimin de desteği ile harfiyen takip etmeye çalıştım. Bu kitapta zaten neler yapılması gerektiği anlatılıyor. Bu diyeti takip ederek ve hemen her gün bir saate yakın alçak tempolu olarak yürüyerek hem tansiyonumu kontrol altına almayı hem de insülin seviyemi düşürmeyi başardım. Bunu yaparken de 14 kilo civarında kaybedip lise kiloma geri döndüm, ayni zamanda giysilerim XL'den M ölçüsüne indi. Tabii bunun aile bütçemize olumsuz bir etkisi oldu ve eski giysilerimi verecek arkadaşlar da bulmaya çalıştım. Umuyorum ki onlar da kilo vermeyi başarıp benden aldıkları giysileri eskitmeden başkalarına hibe edebilirler. Ben bu kilomda daha senelerce kalmayı planlıyorum."

Prof. Dr. Alp Eden (50)
Boğaziçi Üniversitesi

***

"Göbek üstü yağlarım eridi"

"2009 yılının Ağustos ayında, eşime check-up yaptırmak üzere Sayın Canan Karatay'a başvurduk. Canan Hanım, eşimin derhal kilo vermesi gerektiğini söyledi. Bunu sağlamak üzere de bize bir "eve sıfırlar" listesi ve örnek bir günlük mönü verdi. Ayrıca, yemek aralarını uzun tutmamız, akşam en geç 8'de yemeği bitirmiş olmamız ve her gün en az yarım saat yürüyüş yapmamız tavsiyelerinde bulundu. Gerek beslenme ve gerekse yürüyüş konusunda Canan Hanım'ın dediklerini eşimle birlikte ben de uyguladım. Buradaki tek motivasyonum eşimin kilo vermesine destek olmaktı. Yoksa 2 günde bir yüzmeye giden ve 38-40 beden giyinen 40 yaşında bir bayan olarak, ne çok sevdiğim patatesten ne de sıklıkla yediğim simitten ya da makarnadan uzak durmam için kanımca bir sebep yoktu. Son yıllarda karın bölgemde biraz yağlanma başlamıştı ama bu da bel fıtığından ötürü spor salonunda yapabildiğim hareketlerin kısıtlanmış olmasından

kaynaklanıyordu (diye biliyordum !). Canan Hanım'ın diyetini uygulayarak ve yaz/kış demeden haftada en az 5 gün 1 saate yakın yürüyerek eşim 4 ayda 14 kilo verdi ve 1 yılı aşkın bir süredir kilosunu koruyor. Bunun yanı sıra:

- *Kilo verirken halsiz hissetmedi. Tam aksine, her geçen gün enerjisi arttı*
- *İnsulin değerleri normale indi*
- *Kanındaki yağ değerleri iyileşti (trigliseriti düştü, iyi kolestrolü yükseldi)*
- *Tansiyonu 13-9'dan 12-7'ye düştü*
- *Artık daha enerjik, çok yoğun bir günün ardından bile 1 saat dinlenerek toparlanabiliyor*
- *Kriz zamanlarında tansiyonu yükselir ve aşırı heyecanlanırdı, şimdi çok daha hafif atlatıyor*

Bendeki değişiklikler:

- *Kilomda kayda değer bir değişiklik olmadan göbek üstü yağlarım eridi,*
- *2-3 saatte bir ağzıma bir şeyler atmam gerekir, yoksa elim-ayağım titrer ve bayılacak gibi olurdum (bu sebeple havuzdan apar-topar çıktığım bile olmuştur). Beslenme şeklimizi değiştirdiğimizden bu yana, tüm gün boyunca da aç kalsam kan şekerimde böyle bir dalgalanma yaşamadım,*
- *Tansiyonumda ara sıra olan oynamalar artık yok,*
- *Gazlı bünyem olduğundan nane çayına ya da karnıma sıcak su torbası koymaya sıklıkla ihtiyaç duyardım, şimdi bunlara nadiren ihtiyaç duyuyorum,*
- *Ayda en az bir kez yaptırmam gereken B12 iğneleri (ki yaptırmazsam kramplarım olurdu) artık gerekmiyor.*

Sıra dışı denebilecek bu beslenme şekline uyum sağlamak için başlangıçta özel bir çaba göstermek gerekiyor. Alışverişten tutun da evdeki mönüye, gittiğiniz lokantaya, ne zaman nereye yürüyeceğinize kadar düşünerek hareket etmeniz gerekiyor. Bu alışkanlık geliştikten sonra ise bence işler eskisinden daha kolay. Şöyle ki, 'Eve sıfırlar'dan ötürü alışveriş daha kolay çünkü marketlerin bazı bölgelerine hiç uğramıyorsunuz. Ayrıca, yemeklerin hazırlanması daha pratik; malzemeleri çiğden fırına verin, balığı ızgaraya atın, bir süre sonra yemek hazır. Yanına yoğurt, evde yapılmış bir turşu, lahana-karnabahar salatası en güzel mönü oluyor.

Akşam 8'den sonra bir şeyler yememek de sanıldığı kadar zor değil, yediklerimiz geç vakte kadar bile bizi tok tutuyor.

Sağlıksız diyebileceğim yemeklerin ardından yaşanan yemek borusunda yanma, gaz, bağırsakların bozulması, bazen de zehirlenme gibi riskler, dikkatli yemenin sonucu en aza indiğinden bunlarla uğraşmak da gerekmiyor.

Yol yürümek insanı rahatlatıyor, hele zaten işiniz olan bir yöne gidiyorsanız ve İstanbul gibi çoğu zaman trafik olan bir yerde yaşıyorsanız, bazen araçtan daha hızlı bile gidebiliyorsunuz.

Fiziksel aktiviteyle desteklenen bu beslenme şeklinin, kendi sağlığımızın sorumluluğunu üstlenmek ve olası hastalıkları önlemek yönünde önemli bir adım olduğunu düşünüyor ve böylesi somut sonuçları olan, bütünsel ve sürdürülebilir bu diyeti bize kazandırdığı için Sn. Canan Karatay'a çok teşekkür ediyorum..."

Neval Eden (40)
Bilgisayar Mühendisi

***

"Zihnim çok daha berrak..."

"Geçtiğimiz yılsonunda eşimle birlikte Sevgili Doktorumuz Prof. Dr. Canan Karatay'ın kontrolüne girdiğimizde alerji dışında görünürde herhangi bir sağlık problemim yoktu. Muayene esnasında vücudumda kilo fazlası olduğunu öğrendim. Ayrıca doktorumuz öğünlerde seçtiğim gıdaların çoğunun doğal olmayan, işlenmiş, yüksek glisemik indeksli gıdalar olduğunu söyledi. Bu tarz beslenmeye devam edersem ileriki dönemlerde sağlığımı kaybetme riskim yüksekti, potansiyel bir şeker hastası olabilirdim. Öğünlerde ve öğün aralarında açlığımı bastırmak için sürekli şekerli, unlu, çikolatalı gıdaları atıştırıyordum. Kısa bir süre sonra eskisinden daha fazla acıkıyordum.

Sağlıklı bir yaşama geçmek, yaşam kalitemi artırmak için doktorumuzun Düşük Glisemik Indeksli Beslenme Programı'nı uygulamaya başladım. Fırsat buldukça da yürümeye özen gösterdim. Öğün aralarında acıktığımda atıştırmalıklarımı değiştirdim, haşlanmış lop yumurta, ceviz, badem, fındık, kurutulmuş incir ve kayısı tercih etmeye başladım. Glisemik indeksi düşük olan bu besinler beni hem tok tutuyor hem de hemen acıkmamı önlüyordu. Bir sene içerisinde 7 kilo vererek 53 kg'ye indim. Alerji problemimden de kurtuldum. 39 yaşındayım ve lise yıllarındaki kıyafetlerimi giyebilmek gerçekten büyük bir mutluluk kaynağı benim için! Artık 20'li yaşlarımda olduğumdan çok daha genç, dinamik, sağlıklı ve mutlu hissediyorum. Ayrıca zihnim çok daha berrak... Bulmaca ve sudokuları daha kısa sürede çözebildiğimi fark ettim. Değerli Doktorum Prof. Dr. Canan Karatay'a büyük sevgi ve saygılarımla, binlerce kez teşekkür ederim."

Ebru Alpkaya Gönül (39)
Yüksek Petrol Mühendisi

***

"İlk 6 haftada 6 kilo verdim, sonrası 3 kilo daha verdim ve şu an sabit denecek kiloda devam ediyorum"

"Bir yıl kadar önce (Aralık 2009) görünürde bir sağlık sorunumun olmamasına rağmen, check-up yaptırmak amaçlı gittiğimde ilk kez beni muayene eden Canan Hocamızdı. Kendilerinin "düşük glisemik indeks beslenme programı ve koruyucu hekimliğe yönelik yaşam tarzı düzenleme tavsiyeleri" ile tam anlamıyla hayatım değişti. Elimdeki check-up bulguları iyiydi, ancak "göbekte yağlanmanın başladığını" ve bunun sonucunda beni çevremdekilerle birlikte nelerin bekleyeceğini ayrıntılarıyla, tek tek yazarak açıkladı. Hastasının hayatını mükemmel bir hale getirme çabasında olan değerli hekimlerin varlığının çok önemli olduğunu o an derinden hissettim. Ve çok şanslıydım. Hemen konu edilen beslenme programını bire bir uygulayarak ilk 6 haftada 6 kilo verdim, sonrası 3 kilo daha verdim ve şu an sabit denecek kiloda devam ediyorum. Boy 1.74 cm, kilo 64. Tavsiye edilen yaşam tarzı-beslenme programı, daha kaliteli gece uyku düzeni dâhil daha sağlıklı bir vücut, beraberinde daha sağlıklı bir özel hayatı ve başarılı bir iş yaşamını da beraberinde getirmiş oldu. Üzerinden bir yıl geçti. Ve yine çok şanslı olduğumu düşünüyorum. Yaşadığım bu muhteşem tecrübe, burada bahsi geçen beslenme programının başarılı olduğu gerçeğini ortaya koyuyor.

Doktorum Prof. Dr. Canan Efendigil Karatay'a içtenlikle teşekkür ederim."

Murat Gönül (40)
Yüksek Su Mühendisi

***

"Kendimi daha genç ve mutlu hissediyorum"

Sayın Prof. Canan Karatay Hanım'a 2010 yılı eylül ayı başında 86 kilo olarak yüksek tansiyon şikâyeti ile başvurmuştum.

Yapılan tetkikler neticesinde, fazla kilo ve vücut yağ oranı, kanda yüksek insülin (22.06 uIU/mL) ve yüksek tansiyon tespit edildi. Bu tespitler sonrası verilen beslenme programı ve ilaç tedavisi, günde 3 km yürüyüş tavsiyesini Mart 2011 dönemine kadar yerine getirmeye çalıştım. 86 olan kilom 75'e, kan insülin değeri 9,29 uIU/mL'ye, tansiyonum da normal düzeylere düştü.

Şu an itibari ile tükettiğim yiyeceklerden daha iyi tat ve keyif almaktayım. Kendimi yorgun hissetmiyorum. Artık yürümeyi de hayatıma kattım ve üşenmeden, kısa-uzun demeden yürümeye çalışıyorum.

Mesleğim gereği senelerdir masa başında oturmam, hareketsizlik ve kötü beslenme sonucu ortaya çıkan şikâyetlerim azaldı. Artık daha rahatım. Sonuç olarak kendimi daha genç ve mutlu hissediyorum. Sayın Prof. Canan Karatay Hanım'a yakın ilgi ve alakası için teşekkür ederim..."

Metin Şen (45)
Elektronik Mühendisi

***

"Öncelikle kolesterol ve kan sulandırıcı ilaçları kestik"

"Dr. Canan Hanım'ı, 2010 yılının Temmuz ayında izinli olduğum bir çarşamba günü Ulusal Kanal'da Nilgünce programını izlerken tanıdım. Söyledikleri dikkatimi çekince daha bir ilgiyle izledim. Beş yıldır doktorumun 'yeme' ya da 'çok az ye' dediği kırmızı et, yumurta, tereyağı gibi besinlerin rahatlıkla yenebileceğini anlatıyordu. Bir de üstüne üstlük gereksiz ilaç kullanımlarından bahsedince, beş yıldır kolesterol, tansiyon ve kan sulandırıcı ilaç alan ve bu nedenle artık bıkkınlık duyan biri olarak 'tamam' dedim. Dahası da vardı, kolesterol ölçümlerinin ne kadar gereksiz olduğunu da duyunca Dr. Canan Hanım'ın konuşması biter bitmez hemen çalıştığı yeri tespit edip randevu aldım.

Muayene ve tetkiklerin ardından öncelikle kolesterol ve kan sulandırıcı ilaçları kestik. Tansiyon ilacını değiştirdik. Bir de şimdi elinizde olan kitabın ön çalışmasını verdi. Sağlıklı ve zararlı besinleri bir bir tanıtmıştı. Bir reçete gibi değil de genel olarak neleri yiyebileceğimiz ve neleri yemememiz gerektiği anlatılıyordu. Ben de buradan kendime göre bir beslenme programı çıkardım. Haftada dört gün birer saat yüzmeye de devam ettim. Sonuç olarak 5-6 ay içinde 80 kilodan, önce 75 kiloya sonra 70 kiloya düştüm. Aslında kilo vermek gibi bir amacım da yoktu. Ama gereksiz gıdalardan vazgeçince kilolar da gidiyor. Geçen Kasım ayından beri 68-70 kilo aralığında devam ediyorum. 6 ay sonra kontrole gittiğimde bir şikâyetim olmazsa bir daha gelmeme gerek olmadığını söyledi Canan Hanım."

Şenol Konukçu (56)
Gazeteci/ Yazar

***

"Babam bir günde kolesterol hapını bıraktı"

"Babam 1988 yılında bypass olmuştu. O yıldan sonra uzun süreli bir kolesterol ilacı kullanmaya başlamıştı. Bazı şikâyetleri üzerine 5. kez anjiyo olacaktı. Anjiyo tarihinden bir ya da iki gün önce güvendiğim bir kişi aracılığıyla Prof. Dr. Canan Karatay ile tanıştım. Kendisi dâhiliye ve kardiyoloji doktorası yapmış bir kişiydi. Babamı muayene etti ve 'sakın anjiyo olma' dedi. Anjiyoyu engellemek ve babamı fikrinden vazgeçirmek için de sert bir ifade bile takındı. Devamında kan tahlilleri istedi ve sonuçlardan sonra da ilaçlarında değişikliklere gitti.

Babamı 1988'den beri çok farklı (kalple ilgili televizyonda seyrettiğim doktorlar da dâhil olmak üzere) hekim muayene etmişti. Ama Canan Hoca başka yaklaşıyordu. İstediği farklı kan tahlilleri, hastalığın seyriyle ilgili detaylı soruları ve vaka üzerindeki inanılmaz bir konsantrasyonu... Bu özverisine ve kararlılığına büyük saygı duydum.

Kolesterol ilacını kesip de arkasından sadece tuzsuz fıstık ve kavrulmamış fındık önermesi, 'her gün yumurta yiyin' demesinden sonra babam kahkahayı bastı. İlaçlara rağmen yüksek seyir izleyen kolesterolünü kuruyemiş ve yumurta ile düşürürse, Canan Hanım'ın büstünü dikeceğini yüzüne karşı söyledi.

Babam o günden, vefat ettiği 20 Nisan 2007 yılına kadar bir daha kolesterol ilacı kullanmadı. Kan değerleri, kolesterol seviyesi (hiçbir zaman) ilaç kullandığı dönemden daha kötü olmadı."

Erdal Turunçoğlu
Veteriner Hekim

Kaynak Kitaplar

1. Richards BJ., Richards MG. Mastering Leptin., pg.151.Wellnes Resources Books Publisher 2nd ed., USA 2005.
2. Simonopolus A P and Robinson J., The Omega Diet. Harper Collins Publishers, New York, NY 1999.
3. Budwig Johanna. Flax Oil as a True Aid Against Arthritis, Heart Infarction, Cancer and Other Diseases. Apple Publishing Vancouver Canada, 1994.
4. Gordon G. The Omega-3 Miracle. Freedom Press, Ca 2004.
5. Brown R A., Omega Six The Devil's Fat. Les Creux Limited. St. Lawrence Jersey, 2008.
6. Enig Mary., Fallon Sally. Eat Fat Lose Fat. The Healthy Alternative to Trans Fats. Penguin Books Ltd.London WC2R ORL., England 2006.
7. Erasmus U., Fats that Heal Fats that Kill. Alive Books TN Canada, 1993.
8. Enig Mary., Doctoral Dissertation. University of Maryland, 1984.
9. Jon J. Kabara., Fats Are Good for You And Other Secrets: How saturated fat and cholesterol actually benefit the body. North Atlantic Books Publisher. Berkley, California, USA, 2008.
10. Allport S., The Queen of Fats. Why Omega-3s were Removed from the Western Diet. What We can do to Replace Them. University of California Press. California London 2006.
11. Puri B K. and Boyd Hilary. The natural way to beat depression. The groundbreaking discovery of EPA to change your life. Hodder and Stoughton Publisher. Great Britain, 2005.
12. Uffe Ravnskov., Fat and Cholesterol are Good for you.GB Publishing, Sweden 2009.,pg.44-48.
13. Kendrick M., the Great Cholesterol Con: THE TRUTH ABOUT WHAT REALLY CAUSES HEART DISEASE AND HOW TO AVOID IT. Published by John Blake Pub.Ltd,.London W14 9PB, England, 2007.
14. Sutter H., Big Fat Lies: Is Your goverment making you fat? Publisher Infinite Ideas Ltd., 2010 Oxford United Kingdom.